ERCJ選書

一路

法曹の世界を生き抜く

環　直彌　著
●インタビュアー　石塚章夫

日本評論社

はじめに

あるときは、特捜部検事となって時の内閣を総辞職に追い込み、あるときは、裁判官となって戸別訪問禁止違憲判決を言い渡し、またあるときは、弁護士となって中国人の戦後補償裁判の原告弁護団長を務める。まるで怪人二十面相のような法曹人生を送った男・環直彌。しかしその生き様に確かな一本の筋が通っていることが、本書をお読みになればおわかりいただけると思う。

本書の主要部分は、環さんが古稀を迎えた折、弟子を自称する石塚章夫、西理、仲家暢彦の三名の裁判官（いずれも環さんが横浜地方裁判所に赴任したときの判事補）が環さんの家に集まり、一晩酒を飲みながらその半生を聞き取った録音テープがもとになっている。環さんに接した方であれば誰でも感じることだが、環さんの真骨頂はその座談（それも酒席での）にあり、これを文字にすると、面白さの大半が失われてしまう。テープの反訳に当たって心したつもりだが、その落差は如何ともし難かった。文字化に当たっての責任はすべて石塚にあり、また聞き手もすべて石塚と表記することにした。

右の聞き取りを終わった後、環さんは最後の大仕事を担当された。戦後補償裁判と横浜事件再審である。既に七五歳をすぎておられたが、若い弁護士とともに精力的に活躍された。その時代の聞き取りのため何度か晩年の環さんを訪ねたが、残念ながら十分な記録が取れなかった。この時代に関しては、同じ弁護団に加わった方からの話や環さんご自身が書かれたもので補った。

本書編集途中の平成二九（二〇一七）年二月五日、環さんは九六歳で永眠された。生前に本書を上梓できなかったことは痛恨の極みである。

謹んで霊前に本書をささげたい。

石塚章夫

二〇一八年九月

一路──法曹の世界を生き抜く［目次］

はじめに　i

目次　iii

第1章　大学卒業まで　1

1　祖父と父母（実家の雰囲気）　1
2　三高・東京帝大法学部時代　8
3　閉塞した社会情勢の中で　16
4　高等文官試験と司法官試補　21

第2章　検事任官・横浜地検時代　25

1　横浜地検時代　25
2　終戦のとき　30
3　結婚にまつわるエピソード　33

第3章　東京地検時代　38

1　昭和電工事件　39

2　議員立候補勧誘拒絶のこと　50

3　公正取引委員会　51

第4章　弁護士へ　53

1　検事退官・弁護士へ　54

2　チャタレイ事件　57

3　水田三喜男の外為法違反事件　58

4　吉田茂の小切手にまつわるエピソード　59

5　造船疑獄事件　62

6　三鷹損害賠償訴訟　65

7　百里基地訴訟　67

8　警察予備隊警備課長の勧誘・佐藤栄作の弁護人　73

第5章 裁判官任官 75
1 裁判官任官の動機 75
2 東京地裁・東京高裁時代 77
第6章 横浜地裁へ 82
1 横浜地裁異動にかかわるエピソード 83
2 全国裁判官懇話会 85
第7章 世界司法官会議とニューヨークでの逸話 88
1 世界司法官会議 88
2 ニューヨーク暴漢事件 91
第8章 東京高裁・大阪高裁時代 93
1 東京高裁・石油闇カルテル事件 93
2 大阪高裁・貝塚事件 94

第９章　再度弁護士へ　96

1　横浜事件再審　96

第10章　生き方を貫くもの　101

資　料

【資料１】チャタレイ事件　107

【資料２】戸別訪問禁止違憲判決　128

【資料３】第一回全国裁判官懇話会の案内及び同会での横浜地裁の報告　135

【資料４】貝塚事件　142

【資料５】司法の独立　164

【資料６】横浜事件再審　176

【資料７】生き方を貫くもの　199

ＥＲＣＪ選書発刊の辞　204

一路

——法曹の世界を生き抜く

第1章　大学卒業まで

環さんは、大正一〇（一九二一）年二月二日に徳島県で生まれた。昭和八（一九三三）年に徳島中学校入学、昭和一三（一九三八）年に旧制第三高等学校（三高）入学、昭和一六（一九四一）年に東京帝国大学法学部入学、昭和一八（一九四三）年に高等文官試験（高文）を受け、同年九月に東京帝大卒業、同年一〇月に東京地裁の司法官試補となった。

祖父は一代で地主となり、娘に婿をとって、長女・長男・二男の三人の子供が生まれた。長男が環昌一元最高裁判所判事、二男が環直彌であった。

1　祖父と父母（実家の雰囲気）

——石塚　生まれたところは徳島のどちらでしたか。

環　立江町串淵というところです。徳島県中郡立江町大字串淵字中田。

四国八八カ所の一つの立江寺があって、ほんとに田舎町です。本籍もそこで、今は小松島市になりました。

――石塚　環さんの権力に対する不信とか正義感とかの土壌は、三高時代にあるのですか。あるいは、もっと以前の徳島の少年時代にあるのですか。

環　僕のおじいさんっていうのが百姓だったんだけれども、昔は足軽か何かで、戦に行くのが嫌で、途中のあの辺りにとどまってね、そこから発してるらしいんだ。家柄は全くの平民ではなかったらしいんだけれども、徳川の終わりから平民だったものだから、僕らの戸籍には「平民　環新平」と書いてありました。

そのおじいが非常に金儲けのうまい人でしてね。一代で相当資産をつくって、一番盛んだった頃は、徳島で前頭の一番上に入るくらい資産があったらしいんだ。徳島というのは貧乏県だから、ほかの県に比べればわずかですけれどね。要するに小地主だったわけですよ。小地主っても、僕の生まれた家から一里ぐらい先に鉄道の駅があるんだけれども、道路は通らずに、自分の土地だけ通って駅へ行けたというぐらい土地はあったらしいんだ。

そこに親父が養子にきた。親父は銀行の非常勤の常務取締役だったんだ。非常勤のくせに常務取締役って名前がついている。銀行行かないのにね。それが大正一桁代のあの恐慌〈大正九〈一九二〇〉年の戦後恐慌〉があったでしょう。あれで銀行がぶっつぶれて、親父は法律的な知識がないもんだから、債権者側の弁護士の口車にのってね。僕が聞いてる話じゃ、あの当時で、四〇万円かの個人支払いの保証をしちゃったらしいんだ。僕のうちより資産家で、その銀行を中心で動かしてたようなやつは五万円とか一〇万円しか保証してないのに、非常勤の親父が四〇万円くらい負担しちゃって、それで財産の三分の二ぐらいつぶしちゃったのね。だから僕がものごころついたころは、普通の人より少しお金があるかな、学資くらいは困らないかなという程度だったんだけれども、やっぱり遺伝したのかね。兄貴にしても、僕にしても、世俗的なお金や何かの才能が全然ないんだ。気にもならんしね。うちは金持ちの下っ端のほうに当たるんだけども、小作なんかから搾り上げるというか、検見といって見て回るだけで小作料をもらったり。考えてみると、小さいときから、あんなのおかしいんじゃないかっていうのがあったね。

その当時はもちろん、自覚なんてしてなかったけれども、初めから少数意見者になるような性格はあったように思う。ただ小学校、中学校で、僕は常に成績が一番だったから、教練なんかでも中隊長って学校全体を指揮したりしてたんで、あんまり矛盾を感じなかったんだ。矛盾してるんだけれどね。しかし三高に入ってからは、三高の空気ってのもあったのかもしれんけども、とにかく「長」になるのが嫌だったね。

――石塚　そうすると思想的に影響を受けたのは、三高や大学の先生、友人とかではないわけですね。

環　全然ないですね。大学の先生なんかと直接会ったことなんて一ぺんもない。僕が大学で知ってるのは法医学の古畑（種基）さんだけだな。古畑さんも三高でね、東京帝大の学生会（三高の会）の大将をやってもらってたから、あの人はよく知ってるけど。

大学時代、僕は天皇陛下嫌いだったね。「お天ちゃん、お天ちゃん」なんて言ってた。戦争中で国内留学の大尉とか少佐がおるのに、大学の講堂の前で、お昼なんかにみんなで集まって話してるときに「お天ちゃん」なんて言ったら、隣にいたやつが、「おい、兵隊がいるからね、うっかりそんなこと言ったら捕まるぞ」なんて言われて、「ああそうなのか」とやっとわかるぐらい。何だか嫌いだったな。

――石塚　それはどうしてですか。

環　わからんけれどね。やっぱり何にもしないで君臨してるということに対する反抗じゃないかと思うんだな。別に天皇陛下が戦争を仕組んだとか、そんな考えを持ってて嫌になったわけじゃないんだよね。

――石塚　やはり平等という意識なんですかね。

環　おそらくそうなんだろうね。

――石塚　能力があるなしじゃなくて、生まれつきそういう立場に立たされているのがおかしいというわけですね。

環　子供のときのことで覚えているのはね、おじいは僕が生まれる前に死んだんだけれども、小作には非常に温かかったらしいんだ。自分のうちは質素なんだけどね。年に一ぺんぐらい芝居なんかを自分のお金で呼んできて、小屋がけして、自分の部落の小作人にただで見せてやったり、ご馳走してやったり。おふくろが言ってたけどね、生味噌を皿の上に置いて食べると、おじいは「そんなもったいないこと、するもんじゃない」と言うそうなんですよ。じゃあどうするかというとね、生味噌のかたまりに箸を突っ込んで、ぱっとやると箸に味噌がついてくる、それをなめて飯を食えばいいというような。

こんな非常に質素なことをしながら、小作には夏と冬に品物をやるのよ。その頃はラクダのシャツといってたけど、この上下があって、小作に対しても自分とおんなじものをやってたというんだ。それを実にありがたく思ったやつがおったらしいんだよね。それで、小作争議が起こって地主を襲ったりしたとき、小作がうちだけは襲わなかった。

それから、前の銀行の一件で、もう地主でいるよりも、ということで、田舎から徳島市へ出てきたんだけどね、その徳島市の家が空襲で焼けてしまい、また田舎へ帰って、自分の山の中に家を建てて親父とおふくろ二人で一年間ぐらい住んでた。そしたら、夜になるとこっそり一斗とか二斗とか入るような袋に米を入れてね、部落の人が持ってきてくれるんだって。「あなただけは部落民に何ら差別しないで対応してくれた」というお礼だっちゅって。だから米には困らなかったっていうんだな。僕は当時、そんなことはもちろん知らなかったんだけども、まあそういう気風はあって、それが遺伝したんかな。これはまあ、後から考えてのことだけどね。

――**石塚**　環さんのお兄さんからも、雰囲気として同じようなものを感じますよ。

環　自由主義者であることは間違いないね。

――**石塚**　何ていうか、家庭というか、育ちというか、そこらへんが共通しているのかもしれません。

環　それはあるかもしれないですね。

――**石塚**　お父さんはどんな方だったんですか。

環　親父が一四、五歳のときに僕のうちに養子にきたわけ。そのときはまだ、おふくろが生まれたばっかりでね、赤ん坊だった。将来一緒にさせるつもりで、おふくろにおしっこさせたり世話し

家族写真（昭和９〈1934〉年１月５日）
左より、後列、直彌（14歳）、兄・昌一（23歳）、父、前列、母、祖母、姉

てね（笑）。おふくろが一五、六歳になったときに結婚させた。

親父は一五、六歳で中学校に入ったから、卒業のときは二〇歳ぐらいになってたんかな。あの頃は、田舎からは高等学校とか大学へ進学する人はほんとにいないわけよ。その頃は高等学校から中学校の校長宛に、生徒を推薦してくれってきたらしいやね。それで、札幌農学校から推薦の依頼がきて、親父を推薦するというらしいんだ。親父は、「札幌農学校なんて、よく知らないけど行ってみようか」というんでね、おじいさんに言ったら、もってのほかだと。「地主なんていうものは、教育なんか受けたらろくなことはない、やめなさい」って。それで親父は行きたくてしょうがなかったらしいんだけど、養子だから強く言えず、許してくれなかったんですよ。

それと親父もおふくろもそうなんだけど、

子供に教育をさせてやろうというのは若いときから持ってたらしいんだ。おふくろも女学校に行きたくてしょうがないのに、やってもらえなかったんだから。そりゃ女学校に行く人は少なかったけれどね。字なんか書記を雇えばいいんだ、手紙でも何でも書記に書かせりゃいい、自分で書く必要ない、こういうんだ。二人とも、おじいさんにそういうふうにやられたもんだから、教育には非常に関心が強かったようだな。

僕は、中学で成績が一番だった。徳島中学は生徒が二五〇人なんだけど、二年生の一学期にそれが六番に下がったんだな。そのときだけおふくろに怒られた。こんなに成績が落ちるのは何事だって。その後二学期から卒業するまでずうっと一番だったんだけどね。おふくろは十分な教育は受けてないけど、わりあい躾がきついなと思ったこと、覚えてる。それから、親父もちょっと変わってるんだな。

姉は女学校を出てから英文学かなんかやりたかったんで、女高師（女子高等師範学校、教員養成学校）へ行くって言ったら、親父が許さんのだって。それで姉が泣いてるんだ。どうしたって姉に聞いたら、親父が「そんなものは女がやるもんじゃない。女は大きくなったら嫁さんに行って、亭主を助けるようなことをやるべきだ」と。それなら文学はやめて医学校に行くからっちゅったら、それも許さないというんだ。「医者っていうのは自分一人できちっとやるものなんだ。そういうのは男しかできない。女はあくまで補助的なものだから」と。それじゃあしょうがない、薬学校ならいいかっちゅったら、それはいいって。薬剤師ってのは、亭主が失業でもすりゃ、薬屋でも何でも助けられるでしょう。そういう意味らしいんだな。それで姉は薬学校に行った。

三高受験写真（昭和12年1月）

だから、ちょっと両親も変わってるんだよな。僕が一高（旧制第一高等学校）受けるっちゅったときも、やっぱり怒られたな。

――石塚　どうしてですか。

環　うちから遠いことや、兄貴が三高へ行ってるんだからというようなことも言うてたかな。僕が一高を受けてたら落っこってたかもしれない。算術ができなかったから。一高っていうのは平均的に何でもできなきゃだめだからね。

2　三高・東京帝大法学部時代

――石塚　三高から東京帝大の法学部に入られた頃の思い出をお話しいただけませんか。

環　僕は高等学校では勉強は全然しないで、応援団なんかやってたもんだからね、まあ大学に入るぐらいは入れるだろうと。しかし自分の能力を考えると、文学部へ行って文化的な学問をするというような能力もないし、経済学部ってのは初めから、ひらったくいうと僕はお金にあんまり関心がないほうだから、こんなものは面白くないだろう。そうすると法学部しか残らないわけ。そういうことで、大体の諸君と同じように、法学部へ行けば何とか一生飯は食えるだろうという、そんな軽い気持ちで入った。

法学部は当時、政治学科と法律学科に分かれていて、僕の入学した前の年ぐらいまでは、確か六〇〇人か六五〇人が定員で、そのうち四〇〇人が法律学科、二〇〇人か二五〇人が政治学科というような比率だったけれど、僕の入学する二年ぐらい前からどういうわけか逆転して、僕のときは法律学科が二〇〇人ぐらいしかいなかったの。やっぱり政治学科のほうが戦時中ではぶりが効いたのかもしれんな。

――石塚　昭和一六年四月入学ですよね。その年の一二月に太平洋戦争が始まります。

環　僕が大学に入学して半年くらい経ったときに太平洋戦争が起こったわけです。これはいつも申し上げてるんだけれども、僕には取柄はないけれどもね、自分の考えを理由なく曲げたくないというのがあった。特にあの当時はもう戦争が始まってましたから、理由のない一つの主張が世の中にまかり通ってる、しかもそれは権力側で、それに対する不信とか反抗心みたいなものが、僕には性格的にあったんだと思いますね。それで大学に入ってからも、実体法学はあんまり勉強しないで、法哲学の本なんかをよく読んでたような覚えがある。

大学では三年間かけて一八科目受からなきゃ卒業できないんですが、僕は一年と二年で五つぐらいしか試験を受けなかったんですよ。卒業まであと六カ月のときに高文を受けて、その後、司法省で採用試験があるんですね。それで、辻キタロウさんが人事課長で面接を受けたとき、机の上に大学の成績表みたいなのがあって、辻さんが「これおかしいな」とか言って。これは卒業試験のことを言ってるんじゃないかと思ってね、僕が「何でしょうか」と、こうのぞきこむようにしたら、「君、大学からきてる書類じゃ、五つぐらいしか成績がついていないんだけども、本当は違うんだろうな」って言うから、「いや、その通りなんです」。そしたら、「そう、君、しかし……」と。就職試験があったのは八月頃ですよね。で、辻さんが「卒業はしますか」って聞くから「いや、それはします」、「一三の試験を受けなきゃいけないけれど、必ず卒業しますから」って言ってね。もう四苦八苦して卒業試験を受けた覚えがある。

高文で僕は六法全部を受けたんだけども、そのうち一年と二年で取ってたのは憲法、刑法、刑事訴訟法、民事訴訟法、民法Ⅰ部の四つだけで、後は全然受けてないんですよ。商法Ⅰ部とⅡ部、民法Ⅱ部とⅢ部、民事訴訟法、そんなのを全部卒業試験で取らなきゃいかん。えらい目にあった、高文よりもずっとそっちのほうが。いったん高文でやって忘れないうちに卒業試験があったもんだから、まあ、そういうふうに全く勉強しないで付け焼き刃で行ったもんだから、その点は今さら反省したって始まらないけども。

司法部へ行こうと思ったのは、さっき言ったような僕の性格と、司法部では自分のものの考え方に比較的忠実にいけるんじゃないかというのが、主な理由のように思いますね。それと俗にいえば、僕は子供のときから兄貴より頭いいと思っているからね。兄貴が軽く行ったから、兄貴が行けるとこならやさしいいんじゃないかと思ったこともあった。

――**石塚**　お兄さんは理系志望だったけれども、お父さんが銀行の保証でひどい目に遭った敵討ちで、法学部に進んで裁判官になってほしいと、畳に額をつけて頼んだとお聞きしたのですが、そのエピソードは本当ですか。

環　それは事実です。おかしな言い方になるけれども、兄貴は頭のいい男ではないけれど勉強好きで、僕は勉強嫌いで遊んでばかり。兄貴は理系のほうがわりあい能力があるので理系へ行くと言ったら、親父が「いや、法律をやってくれ」って。法律家になるのは親父の希望だったわけです。

――**石塚**　敵討ちで法律家にしようということですね。

環　兄貴をそうしたいと思っていたでしょうね。僕にはそんな希望は……。親はわかってましたから。親に無断でタバコを吸ったり、ろくなことしない息子だったから。

――**石塚**　法学部に決められたのは、お兄さんができることなら自分もできるだろうということですか。

環　そう思いました。だいたい僕は学生時代、勉強した覚えがあまりない。うまいことやる方法は考えたけれども、今の学生が考えるような模範答案は全然書けてない。先生の胸をくすぐるようなことを少し書いたような（笑）。手練手管でやったようなところがあるからね。

親父は、僕を銀行員にさせたいと思ってたらしい。それで、横浜正金銀行、戦後の東京銀行（現三菱UFJ銀行）に入れようとした。正金は行員が一番役人らしくて、日本興業銀行などよりずっと大きくて、日本銀行に並ぶような銀行だったから、正金へ入れたいと思ってたらしい。それで親父の顔を立ててやらなければいけないから、正金を受けたんだ。それまでは人事課長が試験官だったのが、僕が受けたときは人事部長の偉いやつが出てきて、当時は戦争中なのに、日本橋の裏料理屋のようなところへ連れて行かれてビフテキを食べさせてもらい、これはいいと思ってね（笑）。僕は、政治はあまり勉強してないし成績がよくないのはわかっていた。で、正金と司法部を二股かけたみたいな状態でいたら、正金が「ぜひ来てくれ」って言ってきたとき、たまたま司法官試補に通った。それで正金を断った。

面白いのは、僕の三高の同級生、彼は成績があまりよくなかったのかな、彼が銀行へ行きたいというんで僕の正金の入社試験についてきた。で、ビフテキに感激して、これはすごいというので正金を希望し続けた。そうしたら、僕が正金を断ったものだからその代わりという意味ではないかもしれないけれども、そいつが正金に通って、しまいには重役になった。

——**石塚**　お兄さんとはいくつ離れていますか。

環　明治四五（一九一二）年生まれだから、九つ違い。彼は遅生まれだから、学校や裁判所は八期違いになるんかね。

——**石塚**　環さんが試験を受けているときにはもう、お兄さんは裁判官でしたか。

環　兄貴は東京地裁の判事だった。しばらくして司法省に入って、僕が卒業直前ぐらいに民事局の事務官になったのかな。

——**石塚**　高等学校や大学で何かスポーツはやられていたのですか。

環　何もしてない。高等学校では応援団の副団長。

——**石塚**　そうそう、副応援団長をやられていたのですよね。「長」とつくものは、裁判長以外は三高の副応援団長。あとは寮の室長になったということですね。

環　そのとおり。団長は頭はいいのだけれども体が弱い人で、副団長の僕はうまくやったらしい。もちろん一高戦です。勝率からいくとずっと上のほうで、僕はうまかったらしい。

——**石塚**　対抗戦の全部の応援に行くのですか。

環　そうそう。だから対抗戦の三〜四カ月の間は学校なんか全然行かない。応援団だけが仕事だった。それは二年の終わりから三年のとき。応援団が終わって秋ぐらいに仕事はなくなったけど、無手勝で、大学の入学試験の勉強なんて全然する暇もなかった。

——石塚　高文のときと同じですね。

環　同じだね。僕の三高の成績は、一年の一学期はクラスで一番。二年のときは七、八番。それが、卒業のときは二七、二八番。もう下から一人か二人で落っこちるくらいだった。応援団で試験も全然受けないでね。一高に一人で乗り込んで行って、どっちの応援団が先に球場へ入るかとか、そんな交渉をするのに一高のやつを困らせてね。僕が一高の寮で頑張っているでしょう。後で、弁護士で一緒になったやつが一高の幹部に何人かいて、そいつらと交渉してもね、交渉がまとまらない。

東京帝大法学部受験写真
（昭和 15 年 10 月）

僕のほうが無理なことを言ってるのはわかっているのだけれど頑張ってね、僕は京都へ帰らないんだ。そうしたら向こうの応援団長がやって来た。あれは三年の一学期か二学期だった。

「試験だろう」と言うからそうだっちゅうたら「通る自信はあるのか」と返ってきたから「そんなものはないよ。応援団が一番大事だから、それがうまくいかないと俺は帰らない」。一晩過ぎたら翌日から三高も期末試験で、一つでも受けなければ落第だから、みんな帰るわけ。僕は泊まって、試験当日の朝になってしまった。東京から京都まで汽車で一〇時間かかったからね。どうせだめなんだ。だから一日はどうしたって試験をすっぽ抜かす。そうしたら、向こうが「君の熱意はわかるから順番を代わってやる。だからすぐに帰れ」と言ってくれて、僕の応援団が先に入場することになってね。そういう功績がある（笑）。本来の能力でないところで能力を発揮していた。

――石塚　試験を受けなくて大丈夫だったのですか。

環　一日、試験を受けなかったから、その分がゼロになってしまったでしょう。だから、卒業成績も落第の一歩手前だった。応援団の副団長にならなかったら、落第したかもしれない。あるいは、かわいそうだから通してやれということになったのかもしれない。

――石塚　昭和一六年に東京帝大に入学されているのですね。

環　そうですね。

――石塚　前にもお聞きしたと思いますが、大学修了直前にゾルゲ事件があり、そのゾルゲ事件に連座した宮城（與徳）さんをご存じだったのですか。

環　僕の三高のときの寮の同級生が宮城さんの甥になるのかな。その同級生が僕と一緒の大学のときに、宮城さんはアメリカで有名な絵描きだった。

――石塚　宮城さんがおじさんで、お友達が甥ごさん。

環　甥っ子のような感じですかね。宮城さんが本郷に住んでいて、僕の友達のお母さんが宮城さんの世話をしていたわけです。友達が本郷に下宿していて、その下宿先が治安維持法違反でやられた。そのときに友達も疑われてね。実際にどういう関係か知らないけれども、お母さんが宮城さんの世話をしていたものだから、それで捕まってしまって何カ月か留置場に入っていました。でも、何も調べなかったらしい。資料がないんですよ。宮城さんの家へ行ったこともないぐらいで、安易に捕まえたのね。

――石塚　前に、いわれなく拘束されて拷問を受けるとお聞きしましたが。

環　拷問ですよね。何もないのに。調べを全然受けないで、それでまたすぽっと出された。

――石塚　環さんは、徴兵検査は第二乙種ということで、甲種ではなかったのですね。

環　甲種と第一乙が現役ですぐに入隊する。僕は第二乙種で予備役。

――石塚　環さんのお体だと第一乙種か甲種ではないのですか。

環　それは田舎の中学校や何かの関係でしょう。そういう先輩が大尉とか少佐とか徴兵検査の試験官でいた。そいつが勝手に、こいつは甲種だとか乙種だとか決めるわけだ。

――石塚　健康診断だけの結果ではなく、いろいろな思惑が働くのですか。

環　どうも僕の応援団がいたらしい。環はそっちへやれと言ったのではないのかな。それで第二乙種になった。

――石塚　結局よかったわけですね。よかったというのか……。

環　行ってたら死んでいますよね。

――石塚　まさに終戦間際ですものね。

環　一番危ない時期でした。僕はどうせ幹部候補生にはならないだろうからね。そういうのはいやだったから。僕と一緒の司法官試補でも二人ぐらい幹部候補生になって戦死しました。しかも広島で死んだのが一人いる。山口の高等学校を出た、よくできる男でね。ニシモト君といった。

3　閉塞した社会情勢の中で

――**石塚**　環さんの話を聞いてるとあまり感じないんですけど、当時の社会情勢というのは、思想的には相当の閉塞状態であったわけでしょうね。

環　うん。一番の閉塞状態だった。

高等学校あたりで、大学の自治に対する干渉が始まったのが大正一二（一九二三）年で、三高はストライキが一番最初なの。それからずうっとほかの学校へ広まって、ちょっと治まって、昭和七（一九三二）年にまた、二度目の弾圧（滝川事件と思われる）があったとき、また一番最初に三高がストライキをやったの。大塚喜一郎とか川口光太郎って公安調査庁長官、名古屋の検事長だったのがおるでしょう。それなんか首謀者でね、退学になったんですよ。川口は退学後、復校して京都帝大に行ったんかな。大塚は退学になって、一年待たないかんというんでね、すぐ中央大学に行ったんだ。そのときに兄貴が三高の一年生だったの。川口や大塚が三年生でね。それで二度目のストライキが起こって、僕が三高に入る前の年ぐらいまで、ずうっと地方の高等学校へ広まって、最後はどこかな、浦和高校あたりじゃないかな。それで昭和一二（一九三七）年頃にもう高等学校のアカの運動というのは、まあ正式なアカじゃないんだけどね、三高なんか、もう大方やられて。

僕が三高に入ったのはちょうどその直後ぐらいだった。親父は、アカが一番怖かったらしいのね。僕が三高に行くとき、親父から二つ言われたんだ。おまえには勉強のことはもう言わんけれども、言いたいのは、一つはアカにならないこと、もう一つはタバコを吸うなってこと（爆笑）。親父はものすごいヘビースモーカーでね。それで困って、キセルにしたり、代わりに飴を買い込んだりして。だけど、飴しゃぶりながらタバコ吸うんだから（また大笑）。それで、子供にはタバコを吸わせちゃだめだと。その二つが僕の三高に入るときの注文だったの。

でも、僕は一年の二学期頃からもうタバコを吸い出してね。ずうっと吸うもんだから、指が黄色くなるんだよな。だから、田舎へ帰省するときは、大阪からの船の中、安全カミソリで爪を削ってね。うちへ帰ると、自分の部屋で吸うとわかるから、押入れへ顔を突っ込んでね（大笑）。でもタバコ吸いはすぐわかるんだな。一回目で親父はもうわかってたらしいわ。僕は隠し通せてると思ってるから、大学を卒業するまでそれをやってたんだよ。

大学を卒業したときに、姉の亭主――そのとき召集されてた陸軍中尉か何かの技術屋――のところへ行ったら、お祝いに一〇〇円もらったわけだ。一〇〇円ったら大変な金だからね。普通の一カ月の月給より多いんだから。そして、姉の亭主がぱっとこうタバコを出しやがるんだ、もうわかってるんだよって。三高に入ったときから、親父にもわかってたんだ。無駄なことしたなって。一生懸命爪を削ったりして。二つの要望の一つをすぐ犯したのに、親父は僕にはとうとう一ぺんも言わなかった。

アカにはなろうにもまあ、本を読むにも本がないんだから。寮には歴代の人が置いていったマルクス主義の本があった。それが昭和五（一九三〇）年頃の治安維持法違反事件でみんな警察に持っていかれて、店頭からもほとんど消えたわけよね。三高の横の吉田っていう町に間口二間ぐらいの古本屋があって、そこへ行くと、四〇歳前後ぐらいだったように思うな、変な親父がいて、「ちょっと小父さん、あれ頼むや」言うたらね、「今度はお前、ローザ・ルクサンブルグがいいか」って、何だか地下室みたいなとこに入って行くわけ。岩波文庫とか二、三冊持ってきてね、それを貸してくれるわけだ。それ一冊でね、二、三〇銭取られたんかな。いっぱい持ってるんだよ、マルクス主義の本を。あれだけ公にやってて、よく捕まらなかったなと思うんだけどね。

――石塚　環さんもそういう本は読みましたか。

環　借りて読みましたよ。ほかでは買えないでしょう。だからそこへ行くよりしょうがない。三高生や京都帝大生から本を買って、ためてあったんだろうと思うけどね。そんな時代だったな。非常に抑圧されてた。

――石塚　そのときは圧迫感を感じなかったんですか。

環　感じたよ、そりゃ。だって読みたくったって、本がないんだから。警察もきらいだったね。前に話したかな、三高の三年のとき捕まった話。昭和一五（一九四〇）年の一一月頃だったんかな。僕は一九歳で、翌年の二月になったら二〇歳になるというときに、僕は寮の室長だったから八人ほど連れて、いつものように京極の裏で飲んでたんだよ。そしたらね、松原警察署という京都で一番きついところのお巡りが入ってきて、「責任者、出て来い」っちゅうわけよ。で、僕は道へ連れ出された。俺が責任者だ、室長だって言ったらね、「お前、歳いくつだ」って言うから、「一九」と言ったら、「未成年者は酒飲んじゃいけない、ちょっと来い」と連れて行かれた。九時半頃だったかな。それから一時間ぐらい待たされて、「ちょっと君、もう一度調べたいから今晩泊まってくれ」っちゅうんだよ。「いろいろと用もあるし、そんな困る。明日必ず来るから、今日は帰してくれ」ちゅったら、必ず来るかって、名前と寮の部屋も書いて帰った。で、翌日ね、そんなん行くもんか。あっちは何にも言うてこない。

寮に帰ってきたら、室員が、「室長、どうしたんだ」と言うから、「いや、松原警察に連れて行かれて泊められるところだった、俺は未成年だから、未成年が酒飲んじゃいかんじゃないかって言われた」っちゅうたら、そりゃおかしいって。聞いてみたら、僕以外の八人のうちで未成年は僕を含めて三人しかいない。二年も一年もみな二〇歳になってやがんの（笑）。あれでもう僕の権威が失墜してね、そんなん早く言わんかいちゅってね。

まあとにかく、警察ってのはいやだったな。憲兵も嫌いで。あれは昭和一五年の七月だったかな。駅へ兵士を見送りに行って、プラット・ホームで「紅」を歌ってたんだよ。そしたらね、駅構内の憲兵隊派出所から軍曹か曹長ぐらいのやつが来て、「責任者、出ろ」っちゅうんだね。僕は応援団の副団長だから前に出たら、いきなり何にも言わずに、ほっぺたにぺえんと一発げんこつだ。何だっつったら、この非常時にこんなとこで大騒ぎするとは、全く時局をわきまえない野郎だと、こういう理由なんだよ。今までみんなやってたんだよ。そのときに限って虫のいどころが悪かったんかね。それでまあ、無法な野郎がいるもんだなと思ってね、特に嫌いになったたな。

そのくせ権威にやっぱり弱いなと思ったのはね、僕は三高を卒業して友達は落第して一年遅れたから昭和一七（一九四二）年になってからか、真珠湾攻撃がすんだ後なのかな。なんかお祝い気分で、円山町から平安神宮のほうに行く立派な道があって、そこへ一〇〇〇ぐらいちょうちんを吊ってあったわけだ。それを、その友達が二人でご丁寧に全部破ったんだ。二人が両脇に分かれて。そりゃ一時間以上かかったろうな、あれ。ぽうんぽうんと一つずつ、ステッキでちょうちん壊したの。そしたら、何かですぐにわかって、翌日かな、憲兵隊が寮へ来てね、その二人を連れてったわけだ。あいつらどうなるのかなって、みんな言ってたんだ。

後から聞いたことだけどね、その翌日になって、ひょこっと二人、帰ってきたらしいや。どうしたんだっつったら、そのうちの一人が伊丹レンタロウっていう男だけど、お父さんが陸軍少将で陸大（陸軍大学校）をトップで出て、将来大将になるのは確実だといわれてた人なんだ。それがね、なんか中佐か大佐ぐらいのときに上官と大げんかして、天保銭（陸大修了時の徽章の俗称〈形が似ている〉）は取り上げられるし、お前はもう少将止まりだろうって釘を刺されて、徳島の旅団長に少将で来てたの。部内では非常に有名な人なんだよ、天保銭のトップだから。それの息子なんだよ。それで、お前は大変なことしたけれどもね、伊丹閣下の息子だっちゅうんで、今回だけは勘弁してやる、と。おかげで一緒におるやつも堪忍してもらった。そういうふうに上には非常に弱いんだな。

――**石塚**　矢口洪一（後の最高裁長官）さんとは、どこで知り合ったのですか。

環　矢口とは三高でいっしょ。僕が文科甲類で、矢口は文丙なんだ。フランス語のね。

――**石塚**　学年は一緒でしたか。

環　同じ学年。彼は三高の寮に入ってないんだよ。京都の判事やってたやつの息子だから。京都の判事といっても、舞鶴とか田舎の支部長だったの。京都に家があったみたいだったな。彼のことはよく知ってた。その頃から、まあ図々しい男だったけどね。そんなに目立たないやつだったんだ。勉強もそんなにできたわけじゃなかったんだけど、大学に行ってからはよくできてね。僕と一緒の高文では、筆記は一番か二番じゃなかったのかな。加藤一郎君や石川吉右衛門君なんかよりよかったはずだよ。口述が悪くて、それでも五、六番ぐらい。ありゃ勉強したんだな。あとはまあ、大学に残った諸君ね、石川君、伊藤正己君、加藤君、雄川一郎君、あの辺が四、五人いて、京都帝大は矢口がトップだったんだよ。よく勉強はしたらしいね。その後は戦後、やつが大阪から東京へ出てきてから、再び知り合った。大学行ってるときなんか会ったことない。僕は東京帝大で、彼は京都帝大だったからね。

4 高等文官試験と司法官試補

——石塚 高文を受けて、卒業は昭和一八年一〇月ですか。

環 昭和一八年の九月二五日に卒業したの。一〇月一日に司法官試補。

——石塚 試補はどこでやったんですか。

環 そのときに司法官試補になったのは七十数人だったんだけど、そのうち一年半経って任官したのが二七人、あとの四〇～五〇人は途中で召集されて。大内恒夫君は召集された組。矢口君は海軍法務官になったんだ。東京で一〇人、各控訴院所在地に分かれて、僕は東京の試補。

――**石塚**　試補っていうのは、東京控訴院の各部につくんですか。

環　僕らのときは指導官というのがいて、講義なんかしてくれるけれども、それはもうほんとに一部で、あとは全員地裁の各部へつくわけ。刑事地裁と民事地裁へついて、検事は三カ月は検事代理っていって、実際に捜査をやるでしょう。僕の場合でいえば、柳川眞文さんがまん中におって、順に並んで、実際に調べて、起訴もする。

あとは、戦後に例の裁判所の司法大臣からの独立を主張した河本喜與之さんの部にもついたんだ。それで僕は何べんも顔は出してた。判決は書かなかったけど。三カ月ぐらいして河本さんの部に行ったら、河本さんが「君は誰だ」って言うんだね。「誰だって、私はここへついてる司法官試補です」って言うたら、「ああ、そうだったな」って。まあ、のんびりしてたよ。試補なんてのは全然問題にしなかった。まあ、ぺたぺたくっついて判決を書いてるやつもいたことはいたんだけどね。僕は上席の安倍恕《はかる》さん（第三代司法研修所長）の部屋に行って、大津事件なんかの議論したな。

――**石塚**　安倍さんが上席ですか。

環　地方の民事の上席。あの頃、地方の民事の上席なんて偉かったんだよ。その次に今度はすぐ、地方の部長から控訴院の上席部長になるんだから。今の所長代行みたいのが、今度は控訴院の長官代行みたいになるわけだ。だから偉かったんだな。安倍さんは特に偉かったんだろうけど。二回試験のときの試験官でもあったな。

――**石塚**　大津事件を安倍さんと話したというのは、議論されたんですか。

環　うん。あのときに、誰かが書いたものが出たんだな。そういうものを題材にしたり。安倍さんてのは、面と向かって言わないような人でありながら、非常によく勉強してた。人によっては、兄の能成さんより弟の恕さんのほうが人物が上だと言ってる人もいるぐらいでね。チャタレイで起訴された小山書店の小山久二郎君は安倍能成、恕兄弟の甥だ。小山はチャタレイの二審のときに、小野清一郎先生が積極的に弁護人につきたいという意向があったんで、安倍恕のところへ行ったらね、「いや、環兄弟がついとりゃもういらん、それでよろしい」って一言言うたんで、結局小野先生は入らなかった。僕は入ってもらいたかったんだけどね。

正木旲《ひろし》さん、暴走するから、小野先生みたいな刑法学者の立場から見てもらいたかった。でも、「環兄弟がついてるんだから、ほかの弁護士はいらんて、恕が言ってましたから」って小山が言うから、それでおしまいになっちゃった。小野先生にお願いしても、金の支払いで困っただろうけど。そんなことがあったな。

――**石塚**　試補の時代というのは、検事の仕事と裁判官の仕事をするのですか。

環　民事、刑事、検察、その三つ。

――**石塚**　いわゆる弁護っていうのは、全然ないんですね。

環　全然ないわけだな。官選弁護はできるんだ。だからよく役所に行ってるとね、当てられるんだ。「お前、よく来てるな」なんてね。官選弁護人になれるの。

――**石塚**　どういうことですか。

環　今の国選弁護人だな。司法官試補はそれができるんだ。弁護人と同じ資格があるわけだ。裁判所から命じられてね。裁判官に顔を覚えられると当てられるから、僕なんか、めったに行かなかった。横浜辺りで試補をした人は、規模が小さいからよく当てられてるよ。戦後もまだ官選はあったんですよ。僕が横浜の検事やってた昭和二二（一九四七）年頃までね。

――石塚　試補を二年務められましたか。

環　全部で一年半。僕の場合は三月一〇日の空襲で試験問題が焼けたから、一カ月ほど延びて、一年八カ月ぐらいになったけど、原則は一〇月に試補になれば翌年三月で終わって、四月の初めに任官です。

――石塚　二回試験のときに試験官が細かいことを聞いてきたのに対し、主査の人が、そんな細かいことを環君に聞いても答えるわけないだろう、もっと大きなことを聞きなさい、と言ったそうですね。

環　それは安倍恕さん。僕の司法官試補のときの総括の指導官だった。安倍さんが二回試験にもいたわけ。そのときの試験委員長が控訴院の、今で言う高裁の上席判事で、わりに有名な学者だった。その人が僕に質問すると、僕がとっぴな返答をするものだから、安倍さんはちょっと心配だったのでしょうね。こんなやつでも落としてはいけないと思ったのだろうと、僕はいいほうに解釈しているのだけれども、安倍さんが僕をわりあい評価したのだなと、そのときは思った。「環君は司法官試補時代に、裁判官として何をすべきかを高いところから、例えば大津事件などを議論したりしていた。だから、そんな細かい法律論なんかどうでもいいのだ」というようなことを安倍さんが言ってくれた。

第2章　検事任官・横浜地検時代

環さんは、昭和二〇（一九四五）年五月に検事に任官し、横浜地方検察庁に赴任した。戦時窃盗等の一般事件を担当したが、同年八月には、地検・地裁での記録焼却を目撃している。その中には、最晩年に再審に関わることになる横浜事件の記録も含まれていたかもしれない。昭和二一（一九四六）年二月に結婚。

1　横浜地検時代

――**石塚**　昭和二〇年五月に検事任官ですね。

環　五月二九日だったかな。

――**石塚**　そうすると、司法官試補になるときは判事になるか、検事になるか、まだ何になるか全然わからないわけですか。

環　試補の終わりに決めるわけ。僕は初め、岩田さんに勧められて判事になるつもりだったけど、その二、三カ月前かな、柳川眞文さんに「岩田君には言ってあるんだけれども、将来は別として、今は一番検事が大事なんだ。君は向いてるように思うから、検事を志望してくれないか」と言われてね。柳川さんと岩田さんとの話で、検事へ回されちゃったの。まあ言っちゃ悪いけど、僕のときは成績の上のほうのやつは大方検事になったんだ。いわゆる検察ファッショでね。僕は横浜地検に行って驚いたんだ。裁判官なんか検事の言う通りになってたから。横浜は特にひどかったな。司法官試補でいた時分に、東京ではそんなに感じなかったんだけどね。

——石塚　岩田さんて岩田誠さん（後の最高裁判事）ですね。

環　彼が僕の刑事の指導官。民事は原増司っていう特許法の専門家だった。

——石塚　じゃあ、横浜地検に最初行かれたんですか。

環　そう、戦災を受けた直後で。僕は経済検事だけどね。警察本部に警部補でカサイ君て、名前までよく覚えてるんだけど、面白いやつがいてね、僕が、「一日働いてわずかな金をもらってきて、疲れを癒すために屋台でどぶろくを飲んだような労働者を検挙できるか」ってその警部補に言ったら、検事の言うとおりだっちゅうんだ。あんなもの検挙するのは大いに反対だ、言うてね。そいつが経済警察の実力者だったから、ほとんど検挙しなかったんだな。そしたら検察官会同に僕んところの柳川という部長が行ったらね、横浜は闇の事件が全国で一番多いはずなのに、検挙数がこんなに少ないというのはおかしいじゃないか、怠けてるんじゃないかなんてやられてね。柳川が経済部長で、僕が経済事務室長なんだ。

それなら柳川さん、やろうよといってね。こっちはいっぱい知ってるんだから、闇料理屋。で、代議士とか県の偉いやつが必ず来てると思われる、北鎌倉の「若菜」っていう店をぱかっとやったんだ。そしたらそういうやつばっかり捕まって。二、三時間とどめたな、鎌倉警察に。その晩に、大審院検事局から電話がかかってきてね、まあとにかく放してくれっちゅうわけよ。放してくれったってね、今までやらなかったのに、あんたのほうでやれって言うからやったんじゃないの。そんなわけにいかないちゅってね。横浜の経済検察の方針には文句を言わんということを約束させて、柳川さんと二人で釈放したんだ。その柳川さんというのはさっきの教官の柳川眞文さんとは別の人で、兄貴より二年ぐらい上で、いい検事だった。僕より一年ぐらい前かな、退官して弁護士になった。東京で彼の息子が弁護士やってるけどね。

それから、戦時窃盗の刑、これは空襲警報管制下の玄関先の下駄や古靴なんかのかっぱらいやな。僕が横浜に行って間もなくの頃、公判に立会いしたわけよ。それは確か最低が三年なんだ。それで執行猶予は二年でしょう。普通なら情状酌量でつけられるんだけれども、戦時刑事特別法は確か情状酌量の規定がないんだよ。だから三年だと、もう必ず実刑になるわけだ。「警戒警報や空襲警報のときに窃取した者は」というんだから。で、捜査検事が持ってきてる求刑を見たら五年なんだ。その当時、横浜三勇士ってのがおった。もう亡くなったけど、荻野覚一郎君てね、僕が書いてる法律実務なんやらっていうやつの……。

――石塚　『法律実務講座〔刑事編〕第五巻――第一審公判（二）』（有斐閣、一九五四年）ですね。

環　うん。あれのKS（警察官面前調書）とかPS（検察官面前調書）をつくったやつだ。荻野君がその本に「法廷技術――検察官の立場から」を書いてるの。僕が書いたのは「法廷技術――弁護人の立場から」。その荻野君と、高瀬礼二君ていう元東京の検事長、それから林君てね、途中で経済安定本部に行って、辞めて弁護士になって、進歩党かなんかで代議士になったやつ。その三人が横浜三勇士ちゅって、みんな僕より三期上で、権勢を振るってた。裁判官に言うこと聞かせるわけ。僕が横浜へ行ったら、求刑五年って書いてあるんだな。それでまあしょうがないから五年でやったんだ。そのときは、なんかこれ特別な事情があるんだろうと思ったから。そしたら、次はほんとに軽い事件がきて、これも五年て書いてあるわけよ。

僕はあんまりだ、ひどいと思ってね。それで、なりたての検事の僕が先輩の求刑を勝手に消して三年にしたんだよ。そしたらね、関水さん、渡邊さんという五〇年輩の単独判事、二人ともいい裁判官なんだけど、渡邊さんのほうだったかな、「えっ」ちゅうような顔するわけよ。「あら、検事さん、後でちょっと判事室までお願いいたします」言うから、判事室に行ったら、「検事さん、あんなご求刑されてよろしいんですか」って言うんだよね。

「あらら、何でしょうか」、「いや、今まで裁判所は五年求刑でやってきました」と。「三年というのは今まで見たことがないんだけれど、よろしいんでしょうか」っちゅうからね。「いや、それで私はいいと思って、実は求刑では五年と書いてあったけども、こんなのは最低で充分だと思うから、三年にしたんですが」、「いやね、検事さんのお話によると、東京も全部五年でやってると。これはもう全国的なあれで、守ってもらわなけりゃ困る、こういうお話だったんだけども」、「いや、そんなことはありませんよ。私、この間まで東京で司法官試補だったんだけど、みな三年でしたよ。お調べになったんですか」ちゅったら、「いや、そりゃ検事さんがそうおっしゃるんだから」と言うから、「じゃあ、それはお調べになって下さい」と。調べたら、東京も三年なんだ。それで裁判官はだまされたっちゅうわけだ。

それで三年の言渡しになった、その直後だったな。三勇士の林君が僕の部屋へ飛び込んで来て、「環、お前は、この横浜の検事局をつぶしに来たのか」ってどなり込んだ。「何だ」ちゅったら、「お前、勝手に求刑変えて、裁判官にいらんこと言ったりしたじゃないか」と。「いや、僕は思う通りのこと、やったんで、いいでないか」ちゅったらね、「そんなの困る」ちゅうわけだな。それで僕は、「そんなもんで検事が務まらなかったら、俺は辞めるから」ちゅったら、「いや、辞めろなんて言ってないよ」（大笑）。それでもう、裁判官というものがわかったからね。もうだまされないぞってやったけど、そんなもんだったの。検事さんがおっしゃるんだから間違いないと、確かめもしないの。ものすごかったな。

——**石塚**　ちょうど任官してから八月の終戦までの三カ月の間の事件ですね。

環　そうそう、だからわずかな期間だけどね。さっきの飲食営業なんかはもちろん戦後だけど。思想検事なんてのはある程度上の人で、ひどいことやったもんだな。横浜の思想検事は二人だったんだけど、山根隆二さんっていうのが部長、もう一人が一高を出た優秀なやつ。優秀なやつを選んで思想検事にしてたわけよ。部長は中央からの指名みたいなもんだな。若いほうが兄貴より一、二年上ぐらい。その二人は特別地位が高いのね。次席検事と並ぶような地位だった。ひどい事件やったもんだな。終戦の後、庭へ持ち出して、全部記録を焼いたからね。

——**石塚**　それで横浜事件の再審裁判では記録がないというふうに言われているのですね。

環　ないない。それは検事局だけどね。裁判所も記録、焼いたんじゃないかな。それから極秘の司法資料ね。もう三日ぐらい庭で燃やし続けたから。もったいないな、あれ。少し持って来ときゃよかったけどね。ちょっと焼け残りもあったから。そりゃもう貴重なものばっかりだから。戦争中の「なんとか特」って言うんだな、思想の「特」。「特」でないやつまでみんな焼いたから。アメリカの憲兵が来たときには、もう何にもないいんだよ。何にもない倉庫を封印して、二人で一日中張り番してるんだ。中には何にもないのに。大事なもの、みんな焼いちゃったの。常識がなくなってたんだな。

――石塚　そこには何年間おられたんですか。

環　五年足らずだな。そのうちの八カ月は公取（公正取引委員会）へ行ってたからね、東京地検検事兼総理府事務官ていうんで。独禁法（独占禁止法）の運用の基本ができてなかったから、公取へ行って規則みたいなものをつくったりして。そのときに、特に横田正俊と親しくなった。

2　終戦のとき

――石塚　終戦のときはどういう状態だったんですか。どういうときに終戦を迎えて、そのときの心境はどのようなものでしたか。

環　昭和二〇年八月一〇日に庁舎の移転が決まってね。いよいよもう焼けるというんで、横浜の磯子のほうの小学校へ移ったの。まだ事件を一件もやらないで机並べた段階で終戦になって、もう混乱状態だから、また元のところへ帰ってきた。仕事は、アメリカが進駐してくるまで治安を維持することだったんだ。そしたら、警察本部長が磯子の全婦女子に対して、アメリカ人が来たら強姦されるから逃げるように言うて、避難勧告を出したんだ。僕はその頃、磯子の区検の庶務課長の家に一人で下宿してたけど、ほんとにみんなが逃げ出すんだ。翌日それがわかったから、僕が検事正に報告したらね、けしからんちゅうわけで、警察本部長をすぐ呼んで、避難勧告を取り消せと、そんなことがあったの。もう警察自体が狼狽の極なんだよね。

その後、八月二十何日に四個小隊ぐらいのアメリカの先遣隊が厚木の飛行場へ着いたの。沖縄から送られてきた兵隊で黒人兵が八割ぐらいいて、トラックで四、五台だったかな。僕らの検事局の前を通って、日本郵船の横浜支店の指令部に入って行ったわけ。面白かったのは、先遣隊が来たときに情報が入ってね、横須賀日本海軍の中尉とか大尉ぐらいのやつが軽機関銃を持ち出して厚木街道を張り込んだっちゅうんだよ。先遣隊がその海軍にやられて全滅するぞ、そういう情報が入ってね。それで警察も僕らもあわてて、何百人という警察官を集めて、厚木街道を厚木から横浜まで、天皇陛下の行幸のときよりずっと密に並べる計画を立てて、厚木街道の家を全部調べた。それで当日になってもね、そんな気配は全然ないっちゅうんだよな。どこに隠れてるかわからんから、軽機関銃でぱんぱんてやったら、トラックなんかで来たら全滅するからね。でも、実際は全然そんなことはないんだよ。

そういうのを意図的に流したのかどうか知らんけどもね、その間に、海軍の中尉や大尉がトラック一台ぐらいずつ海軍の物資を積んで自分の郷里へ運んでたんだ。中でもひどいのは、後でこれは懲役を相当くらったけど、少佐がトラック二台にドラム缶で石油をいっぱい積んで群馬県か栃木県に持ってって山へ埋めた。あれは大変な値段のものだ。それは捕まって横浜で裁判したよ。後でわかったんだけども、そんな事件もあった。もうそりゃ騒然たるものだった。

——石塚　検事の側に混乱はなかったんですか。検察官もいろいろやってるわけでしょうから。

環　もうお手上げや。何にもしない。アメリカからは捜査機関に専門家が来てないんだ。憲兵とか捜査官でも、法律を知らない。だから駆り出されてアメリカ軍人の捜査を手伝ったり、随分付き合いがあったな。アメリカの兵隊とよく酒も飲んだし。そんなのが主で、日本国内のはしばらくしてから隠退蔵物資の摘発とか。日本で凶悪事件はそれほど多くなくて、やっぱりアメリカ人が日本人を殺したりね。

——石塚　八月一五日を境にして、日本の国が大きく変わったわけですが、環さん自身は、どのような感慨をお持ちでしたか。

環　それは普通の人と同じような考えはあったね。少なくとも今までのようなファッショの体制はなくなるだろうという予測はあったけど、もう日本がめちゃくちゃになっちまうかもしれん、という不安のほうがむしろ大きかったね。

——石塚　そのときはおいくつですか。

環　二四歳ぐらい。アメリカが来てからそれほどひどい事件もなかったから、まあやっぱり聞いてたのとはだいぶ違うなとは思ったな。日本軍の中国大陸での虐殺なんかとはだいぶ違うという感じは持った。向こうも検事なんかに対しては非常に紳士的だったしね。

——石塚　検察官の責任というようなものは、特にありませんでしたか。

環　うん、思想検事が辞めただけ。あれはパージになったからね。ほかは何にも。

――**石塚**　そのままですね。

環　うん、何にもなし。しばらくすると、横浜の裁判所でB級戦犯の裁判が始まって裁判所も小さなところへ移動して、検事局もアメリカ側が使うっていうんで、どこか税関の倉庫みたいな所へ移動した。

――**石塚**　そうすると、環さん自身は、身分としては全く同じ形でずっと継続していくわけですか。

環　全く同じ。裁判官も検事も、公職追放以外は全然手つかずだね。思想検事だけだよ。裁判官は思想事件なんてみな平等にやってた。思想部ってのがあったわけじゃないから。みなふんだくられりゃ誰でも引っかかるはずだけど、裁判官は誰もひっかからない。

――**石塚**　谷口茂栄さんぐらいですかね。自分で自主的に辞められたってことでしたね。

環　そうなんだよ。あの人はましてや民事だからね。特に何でもないんだよね。

3　結婚にまつわるエピソード

――**石塚**　そのときは、もう結婚はしておられましたか。

環　結婚は敗戦のすぐ後、昭和二一年二月だから。戦争末期の昭和二〇年七月に僕の四国の家が焼けてね。四国に帰省して戻るときに、まあちょっと約束したようなもんやな。

――**石塚**　奥さんは前から知っている方だったのですか。

環　うん。家内が女学校一年ぐらいのときから知ってる。桐原（隆一）がせしめた女房の妹だ。桐原が、「お前、俺のうちにいつも飲みに来てるけど、お前が一番よく飲みに来たから、一人ぐらいもらえ。義務だ」言うからね（笑）。女のきょうだいが三人もおったから。

――**石塚**　すると、桐原さんとは奥さん同士がきょうだいですね。

環　うん。桐原が三高のときに、僕の家内と桐原の女房の家庭教師として桐原が泊り込みで行ってて、家内の姉さんをすぐものにして。みんな飲みに行ってたんだ、クラスのやつらが。行ったらね、もうわっと飲まして、朝、切符を買って学校へ送ってくれる。その中で僕が一番よく飲みに来たっちゅうんだよ。桐原が大学を卒業する頃に、お前、一人ぐらいもらう義務があるって。

――**石塚**　桐原さんて、最初から弁護士ですか。

環　うん。成績が悪いからね（笑）、司法官試補は採ってくれないんだよ。朝鮮の司法官試補なら採ってやるって言われたけど朝鮮なんか行くの嫌だちゅって。僕より年が八つぐらい上だけど、三高の同級生だから。

――**石塚**　そんな年上の方ですか。

環　そうそう。ほんとは小学校しか出てないんだから。ごまかしにごまかしてしてる（みんな大喜び）。あいつの話によるとね、徳島のずっと田舎の高等小学校を出て、徳島で百姓やってたけど、こんなことしてちゃつまらんなと思って、図書館に行って、いきなりショーペンハウエルを読んだっちゅうんだ（笑）。しばらくそうしている間に、やっぱり学校行こうかなっちゅうわけだ。金がないのにね。

それで東京へ無一文で出てきたわけや。バーのマダムかなんかの世話になりながら。巣鴨に、生徒が上の学校に入ったことのないようなひどい中学校があったらしいんだ。その一番ひどい学校を探してね、一〇月頃そこへ行って、校長に面会を申し込んだ。「貴校では第一高等学校へ入学した者はおるか」言うてね（笑）。だいたい高等学校なんて入ったやつはおらんわけだ。それで校長に、「私は来年、第一高等学校に入るから、お宅のためにもなる。じゃあ、四年に編入！」（息を詰まらせて笑っている）。そしたら校長もびっくりしてね。えらいやつが来たって驚いたんだろう。四年の二学期に編入して、しばらくいたから、四年修了の証書をくれって（みんな待ちかまえて笑ってる）。だから、二、三カ月しか授業料納めてないんだ。それで四年修了の偽りの証書をもらってね、一高受けたんだけどもちろん通らない。英語なんかも知らないんだから。

そして今度は、新聞に高等学校の受験生の家庭教師の広告を出した。そしたら深川の材木屋の息子で、中学四年生で水戸高等学校を受けるとかいうやつが来て、一年教えたんだ。そしたら、四年からぱっと水戸高等学校に合格（旧制中学校は五年制なので、修了前に合格したということ）。本人はまた一高を受けて落っこった。生徒が通っちゃったから失職したわけだ。それでまた新聞広告を出したら、今度は東京女高師の受験生。それもまた、すうっと合格して、本人はまた一高に落っこった。三回か四回、一高受けたんだな。その間に、まあ英語やなんかもちょっと勉強して、今度は三高受けたら通ったんだ。それで僕と同級生や。僕が一七で椢原が二六だったの。僕と八つぐらい歳が違う。だから今ね、七八、九歳やないかな。

——**石塚**　環さんのお兄さんとほぼ同年輩ですね。

環　うん、兄貴の一つ下。大正二（一九一三）年生まれだったかな。椢原は三高に入ってからもお金がないからまた新聞広告を出して、それで家内の実家に入ったわけだ。

——石塚　ああ、それが家庭教師ですか。

環　そう。椢原はそこの娘と結婚して、「諸君、俺のうちに飲みに来ないか」言うから、大阪の椢原のとこに行ったらたくさんご馳走が出てきて、翌日は大阪から京都までの切符を買って帰してくれる。一晩豪遊できるから、僕が一番よく行ってた。そういういきさつがあって、家内をもらったの。

——石塚　ちなみに、その奥さんの実家というのはどういうお宅ですか。

環　町医者や。親父は大阪で開業してて、家族は郊外の信貴山というところに住んでた。

——石塚　じゃあ、おおらかな家庭だったんですね。

環　うん、なんか変わってたな、あのうちは。親父が沖縄出身で、沖縄から出てきて、こっちで医者の学校行って。まあ面白いやつがおるわ。戦後は共産党に入ってね。

——石塚　椢原さんですか。

環　うん、五年ぐらいね、入ってた。椢原は国際派だったんだよね。志賀義雄なんかと一緒に追放された。松川事件の弁護団にも入ってたな。今はもう右翼。五〇歳ぐらいから。変わったやつや。しかし勲三等だ。日本弁護士連合会の副会長だったんだ。もう十何年も前ね。広島の弁護士会の会長で、日弁連の副会長になるわけだな。まあとにかく面白いんだ。

第3章　東京地検時代

環さんは、昭和二三（一九四八）年に東京地検に異動。同年七月から一二月三一日まで昭和電工事件を担当する。この事件は、戦後間もない時期における復興資金として復興金融公庫からの融資を得るために、昭和電工の日野原節三社長らが行った政府高官と金融機関関係者に対する贈収賄事件である。いわゆる特捜事件の魁けで、次席検事は馬場義続、主任検事は河井信太郎であった。同事件は昭和二三年四月頃問題化し、六月に贈賄側の日野原社長が逮捕されたが、環さんは同年七月から関わり、主に贈賄側を取り調べた。日野原に続いて、福田赳夫大蔵省主計局長、大野伴睦民自党顧問、西尾末広前副総理が逮捕され、同年一〇月七日に事件の責任をとり芦田内閣が総辞職した。本書に出てくる昭和電工側から福田に渡された一〇万円の現金に関する捜査は、この種の事件で現金そのものに関する物的証拠を押さえたという意味で、白眉といえるものである。また、藤井孝総務部長は、日野原が政界側贈賄ルートを担当したのに対し、金融機関側贈賄ルートを担当した昭和電工の常務取締役である。

東京地検時代の昭和二四（一九四九）年、徳島出身の国会議員三木武夫から衆議院議員立候補の勧誘を受け、これを断っている。

東京地検最後の八カ月は総理府事務官として公正取引委員会で仕事をし、ここで当時公正取引委員であった横田正俊（後の最高裁長官）を知る。

1　昭和電工事件

環　東京地検に来て群馬コーヒー事件を担当して、群馬から帰ってきたらすぐ昭和電工事件を担当してくれっていうことで、僕が昭和電工事件を担当することになったのが、日野原（節三）が逮捕された頃ではなかったかと思うんだな。最初、伊尾宏さんて人が主任で、桜井さんという三高の先輩で兄貴の同級生と、河井信太郎君の三人でやってたわけ。そしたら桜井さんが急死して、担当が二人になっちゃったんだ。それで僕がその補充に入って、伊尾、河井、僕と三人でやってたね。僕は復興金融金庫の経済関係を責任を持ってやる。河井君は捕まえたやつを調べる。彼は経済をよく知ってるという触れ込みだったからね。実際はあんまりよく知らないんだけど。伊尾さんは主任で大将だからね、主だったものを調べる。あの頃、刑事訴訟法は応急措置法で、伊尾さんが一カ月半ぐらい調べたんだけど、吐かないんだ。それじゃ河井君にやらせようって、次に河井君がやってしばらくしたらぼろぼろ自白し始めた。それで始まったようなわけでね。

――石塚　事件の構造はどうなっているんですか。会社と役人と銀行という中で。

環　戦後、それぞれの基幹産業に融資をして、盛んにしてやろうという国の経済政策だったんだ。

農業なんか大事だし、それには化学肥料が必要でしょう。その大きな一つの柱である化学肥料に対して国の金融機関から融資をして盛んにしようと、こういうわけですよ。そのために復興金融金庫をつくった。これは市中の機関とは別なんだけれども、復興金融金庫からお金が出るような場合には、市中銀行も併せて融資するっていうんで、会社にとっては非常に大事な相手なんだ。

昭和電工というのは化学肥料の会社でね、前は森財閥なんかがやってたのを、政治家との関係で日野原がそこの社長に入り込んじゃったわけ。それで日野原の独裁が始まった。復興金融金庫や市中銀行から金を借りたりするために、昭和電工は監督官庁の商工省とか大蔵省に働きかけて、金をやったりした。金融機関もあの当時は公務員扱いだからね。その贈収賄事件。

事件の発端は、昭和電工の秩父工場が肥料を闇で流したんだ。それを捕まえて調べてみると、秩父工場の書類から何か変なのがいっぱい出てくるわけよ。これはもう単なる闇事件でなくて、政界が絡んだ大きな疑獄だということになって、中央に飛火したの。闇事件があったのが昭和二三年の三月中頃じゃなかったかと思うな。それをやってるうちに範囲が広がってきて、東京地検でやるようになった。おおまかにいうとそんな事件ですよ。

僕は、復興金融金庫と市中銀行をやって、昭和電工では常務取締役の経理部長、鳥栖を担当したわけ。それからだんだん政治家が出てきたりして。福田赳夫、大野伴睦、二宮善基、それから栗栖赳夫、これは大蔵大臣か、あとは西尾末広副総理。一〇月に芦田内閣が総辞職して、吉田茂が総理大臣になった。僕は七月頃に捜査に加わった。日野原が逮捕された直後ぐらいになるわけか。藤井孝を僕はよく調べた。彼は昭和電工の総務部長でね、西尾さんにお金を持ってったやつなんだ。それから贈賄側ね、市中銀行の幹部も僕が大方受け持ったんですよ。僕が起訴したのがみな有罪になった。ほかのやつと違って、僕はきちっと捜査してやったから。河井君がやったのは全部無罪。

大蔵省主計局長の福田赳夫は主任がやったんだけども、僕が彼の奥さんを調べたんだ。福田を連れてきた日に奥さんも同時に連れてきて、僕は奥さんを朝から調べてた。最初は奥さんも、知らん知らんと言ってたわけ。で、昼過ぎになって急にね、検察事務官がちょっと部屋を出た隙に、奥さんがぱあっと座り込んで、僕の足元の机の下へ入って、うわぁって泣き出したんだ。僕はびっくりしてね、拷問でもしたって疑われるから、だあっとドアを開けて、それで「ちょっと誰か来てくれ」っちゅって、まあ収めたわけよ。後で考えりゃね、みんな芝居なんだな。証拠隠滅の時間稼ぎよ。

検事時代（昭和電工事件当時）

福田の容疑は、日野原が一〇万円を福田の家へ届けたっていうの。日野原ってのは、役人のところへ朝、お金を届けるのよ。朝の六時頃起きてね、会社に車で行くまでの間にお金を配って行くわけよ。福田のところにも、確か朝の七時頃行って一〇万円を奥さんに渡した。大会社の社長が台所から入って行くんだ。そういう容疑だったの。

証拠隠滅っていうのは、一〇万円を元へ戻

そうとしたんだな。奥さんは泣いたりなんかしてね。「そう言われますと、確かにそんなん持ってきたように思う」と言い出したわけだ。それでどうしたっちゅったらね、「後で主人にも話して、お返ししようと思って、押入れのどこかに入れたように思う」って言うんだよね。で、「ちょっと書いてくれ」って部屋の間取りを書かせて、僕の二、三年上の渡辺君がその頃は捜査の一員になってたから、渡辺君に頼んで、すぐ福田の家へ行ってもらった。

しばらくして渡辺君から電話がかかってきてね、「環君、そんなお金ないよ」っちゅうんだね。「よく捜したか」って言ったら、「いや、よく捜したけどないよ」っちゅうんだ。「案外隠し損なったんじゃないか」なんて言うからね、僕は奥さんに、「残念だけど、間に合わなかったようだよ」。奥さんは「いや、そんなはずない」。それじゃ一緒に行こうっちゅうわけで、奥さんを車に乗せて福田の家に行って、ないじゃないのっちゅったのよ。打ち合わせ通りのとこにないでしょう、お金が。それでもうあきらめて自白したわけだ。

その証拠隠滅というのは、種山って有名な公認会計士がいてね、そのお父さんの代からの公認会計事務所なんだけども、福田と一高の同級生で、そいつは金があるわけだ。それでね、種山に頼んで一〇万円をつくってもらい、福田の家の布団の下かどこかへ入れるように打ち合わせをしてきたんだ。だけど、一〇万円つくるのには現金だから、ちょっと時間がかかるからね。それで奥さんは時間稼ぎしてたわけだな。机の下に入って、おいおい泣くんだから。奥さん、四〇歳ぐらいだったろうけどね。

――**石塚**　それは、福田本人がもらってないというための工作だったのですか。

環　いやいや、もらったけれども、金を返そうと思ってそのまま置いてあったということにしようとしたんだな。そしてね、今度は種山のことも自白したから、その種山の家に行ったら朝出たきり帰ってないと。よし、それじゃ張り込もうっちゅうわけでね、その頃、GHQの命令で、警視庁はGHQからオミットされてたんだよ。情報が漏れるから駄目だと。で、検事局だけでやれっていうから、お巡りの仕事みたいなものまでやらないかん。それで五人ぐらい検察事務官を引き連れてね、種山の家を張り込んだわけよ。

夜の七時か八時頃から張り込んだんかな。三時間ぐらい待たされたよ。一一時頃になったらね、黒い車がひゅうっと来た。種山らしい男がお菓子箱みたいな風呂敷に包んだものを持って降りた。僕は出てってね、「種山さんですね、その一〇万円いただきましょうか」。種山は「わかりましたか」って。それから種山を車に乗せて、検事局へ帰ってきた。伊尾宏主任検事が一人で待ってるわけだ。僕は三時頃までかかって、その証拠隠滅の詳細な調書を取って、「今からお帰りになってもいいけどね、その辺に新聞記者なんかがうろうろしてるだろうから、丸の内警察署に行って、朝までお休みになってお帰りください」言うてね、種山を裏から丸の内警察署へ行かせて泊めさせて、翌朝六時か七時に帰したんだ。

三時か四時頃かな、僕が終わって帰ってきたら、伊尾宏がまだ部屋におるんだよ。それでぱんとウイスキー置いて「ご苦労」言うてね、朝まで飲んだ。これで一〇万円の授受はぴちっと固まっちゃったわけだ。一〇万円の授受は決まったけど、最後は無罪になったの、授受の趣旨で。このときの無罪っていうのは、今じゃ完全に有罪になるような理由だよ。それが下手くそな調書を取ってるから駄目だったんだろうな。それと、こういう贈収賄事件について甘いんだね。裁判所が権力犯罪に弱い。それもあるわけですよ。今だったら完全に有罪になるだろうと思うんだよね。だけど、あんなにきちっと金銭授受が押さえられたなんてね。不思議なぐらい。

——**石塚**　贈収賄でそういう物的な証拠を押さえるなんて、ほとんどないでしょう。

環　あれは面白かったな。種山に、やっぱり検事局のおやりになることはしっかりしたもんですねって感心された。

面白いのは大野伴睦の捜索に入ったとき、京都へ行ってるとかで本人がいなかったんだ。立派な家でね、二〇畳敷ぐらいの応接間があるわけ。その横にガラス戸入りの立派な造り付けの棚があって、当時、酒なんて何にもないときに、スコッチでもブランデーでも今でも大きなバーに行かないと置いてないような銘酒がずらぁっと並んでる。奥さんに、「これ、大野先生が飲むんですか」って聞くと、「いや、主人はあまり飲みません」ちゅうの。「新聞記者のみなさんがここへ来て勝手に飲んでますから。私はどんな人が飲んでるか知りません」。新聞記者が自由に来て、酒飲んで、もう新聞記者なんてみんなやられてるのね。家計簿見ると、一〇〇万、二〇〇万なんていう金が動いてるわけよ。三〇万なんて小遣いみたいなもんだ。

あべこべに、西尾さんの家に行って家計簿みたいな手帳を押収したの。それに小さい字で書いてあるわけよ。三万五〇〇〇円とか五万円とかね。あの頃、普通の人の月収が三万かなんかでしょう、それと同じ。あとは全部代議士に小遣いやったり。副総理だからね。ひと月五〇万か六〇万ぐらいのね、大野伴睦と比べてこんなに違うかなと思ってね。びっくりしたな。

それで、大野伴睦ね、本人が京都へ行っているというので、僕は事務官二人に逮捕状を持たせて京都にやったらね、布団部屋に隠れてたんだよ。

——石塚 布団部屋？

環 うん。京都の「ひいらぎや」じゃなかったかな。立派な旅館で、大野伴睦の行きつけだった。京都の検察事務官が下見に行ったら、泊まってないというような返事だったんだけど、泊まってるに違いないって、もういっぺん行かしたらね、布団部屋に隠れてたのを見つけて、捕まえた（大笑）。あのおっさん、吉良上野介か。その布団部屋は確か新聞にも出たはずよ。

この事件は、金銭授受を麻布の「てんぷら御殿」という料理屋でやった。シゲマサと大野伴睦の二人がそこで三〇万ずつもらってるわけよね。後で大野伴睦が「そんなものは小遣いもらっただけだ、三〇万や五〇万で贈収賄といわれる筋合いはねえよ」ってたんかを切った。

それで、てんぷら御殿をいろいろ調べたわけ。そしたらいろんなものが出てくるの。まだ飲食営業禁止のときでしょう。それなのに特別の顧客帳簿を見ると、警視庁の藤田刑事部長の名前が出てるわけ。要するに無料のやつや。よう行ってるわけよ、藤田部長。ただ酒ね。

それから天井裏でもないんだけどね、有田八郎（元外相、三島由紀夫の「宴のあと」のモデルとされた）からの手紙を一つ二つ読んだ。女将は、まず飲食営業でやられると、それから有田さんとの関係がばれるんじゃないかと。有田さんからの手紙をちょっと読んだだけでも、お金がいるからちょうだいとか、そういうのが来てんだよ。女将はそんなのがばれるのがこわいと。調べが終って帰ろうとしたら、女将がぱあっと僕の服の裾をつかんで、なんとかこのまま勘弁してくれっちゅうことを言うわけだ。

僕も、初めからそのつもりだった。「僕は、大野さんの事件の証拠集めに来たんであって、あんたのような飲食営業の検挙だとか、有田さんとの関係なんか暴くために来たんでは毛頭ない。心配するな」言うて大見栄切って帰ってきた。だけどまあ、報告せないかんから、馬場義続次席（後の検事総長）にいろいろ話したら、「そりゃ環君、すぐ飲食営業やらにゃいかんよ」言うんだね。警視庁も調べるようなこと、言うわけよ。僕は、「そうはいかんよ」ちゅうたの。僕は検事としてちゃんと女将と約束したんだから、この事件を契機にして絶対にそんなことはやらんと。いつまでもやらんというわけではないけどね。

そしたら、「まあそりゃそうだな」言うからね、僕はやらんのかと思ったら、さっき言った渡辺とはまた違う、渡辺薫っていう僕より七、八年上の検事に、飲食営業法違反でやらせたんだよ。僕は全然そんなこと知らなくて、新聞見てわかってね、それで馬場義続のとこへ怒鳴り込んでいった。「あんた、やらんちゅって納得したじゃないか。僕にやらせないでほかにやらせたらいいなんてのはもってのほかだ。検事局ってのは外に対しては一体だぞ。大恥さらしをするな」ちゅって僕は怒ったんだな。そしたらね、「いやまあ、そりゃ君はいいよ」とかなんとか言うてごまかすんだよね、馬場義続。その飲食業法違反は起訴されたよ。でね、その起訴される前、検事局の廊下でその女将に会っちゃったんだよ。僕は何も言いようがないしね。ううっとか言ってすれ違ったけど、体裁悪かったよ、あれ。なにも昭和電工事件なんかやってる忙しいときにやる必要ないじゃない、そんなはしっぽの。昭和二一年頃と違って、闇料理ってあの頃はだいぶ一般的になってきてたんだ。

それから西尾副総理の関係でね、福家俊一。戦前の翼賛選挙のときに三木武夫とか西尾とかと一緒に非翼賛で通った何人かの少数の代議士の一人なんだよ。満州ゴロでね、若いときから満州行って、出版屋やったり、新聞屋やったりね、面白い男なんだ。この福家が芦田均をよく知ってるわけだ、同期だから。福家が西尾に藤井総務部長を紹介して、藤井がボストンバッグに五〇万円ずつ、いっぱいにして。

――**石塚**　百円札ですからね。

環　いや、確か十円札だよ。このぐらいの（一〇束単位で五〇〇〇束が入るくらいの）ボストンバッグいっぱいで五〇万円ずつ、それを両方に下げて西尾のとこへ持ってったんだよ。それで挙げたんだけどね。その関係で、僕は福家、藤井も調べたし、西尾さんも一、二回、拘置所で調べた。僕はね、福家は、幇助にはもしかするとなるかもしれんけど、こんなのやったってしょうがないっていうんで、強制処分の十日目で放すつもりだった。八日目が土曜日かなんかでね、馬場義続のところへ行って、十日目の月曜日に放すつもりで、土曜日に了承得たらね、そのときもふんふんて、やむを得ないようなこと言うんだよ。

そして月曜日になったらね、僕の手下みたいな検察事務官が来て、「検事さん、馬場義続が、きのうの日曜日に河井信太郎に福家を調べさしたよ」っちゅうんだよ。要するに確かめたんやな。それで僕はまた怒ってね。馬場義続のとこに行って、「あなた、僕が信用できないんなら、昭和電工からひかしてもらう。僕があれだけ詳細に報告して、あなたも了解したみたいだったのに、なんで河井なんかに調べさせるんだ。河井のほうが俺より信用できるっちゅうんなら、俺はもう責任持って捜査できんから」って言ったんだ。馬場義続の捜査の方針そのものが僕は嫌だったからね、一部しか情報与えないんだから。政界との関係なんていうのは、必要な分しか話さないんだもの。全体がわからなくて、捜査できるかっちゅうんだ。初めから捜査方針が食い違ってたんだけど、その一つひとつが僕を逆なでするようなことで、今のはもう何回か衝突したそのうちの一つでね。

そしたらね、馬場が、「しかし河井君が調べても君の結論とおんなじなんだからいいじゃないか」って、変な理屈にならん理屈言うわけよ。前の日、福家に、「お前、もうあさってぐらいにおそらく釈放になるから」言うとったのにね。僕は福家に会うつもりなかったんだけど、そういうことあったから、朝だったな、福家を呼び出して、「なんか昨日、また別のこわいおっさんがあんた調べたらしいけど、誠に申しわけなかった」って、僕は謝ってね。法務大臣なんかもやった田中伊佐次ってのがおるでしょう、その田中が弁護人だったんだ。それで、「今日釈放するけども、なんかほしいものがあったら田中さんに言っといてやるけど、なんかないか」っちゅったらね、「ある、ある、灘の生一本をぜひとも」っちゅうんだよ。それで僕はすぐ電話で田中さんを呼び出して、「福家君が、灘の生一本をもう飲みたくて飲みたくてしょうがないから、今日の夕方までにそろえてくれるか」っちゅったらね、「ああ、おやすい御用」なんちゅうて、それでまあ釈放したわけ。

そしたら、次の日かな、福家君、僕の部屋にやって来やがってね、「いや、あんときはおいしかった、どうもありがとございました」ってお礼に来た。この翌年かな、また福家君が来て、京都の理容なんとかの大将になって全国のなんとかもやってると。いろんなうまいものはいくらでも手に入るんだけど、検事のあんたんとこ持っていったらやっぱり具合悪いだろなって、当り前のこと言うて（大笑）。うまいものなんぼでも手に入るって、面白いおっさんでね、これ。

芦田を起訴したのが昭和二三年一二月三一日なんだ。その前の一二月二一日か二二日に、僕より一〇年ぐらい上の屋代っていう検事と僕は、芦田の最終の証拠集めに九州の大分へ出張を命ぜられた。梅林時雄ってのは土建屋さんで代議士なんだ。その梅林組の家宅捜索をやって、福岡合同銀行の頭取に大分地検へ来てもらって調べた。そのときね、馬場義続から大分の検事正にその趣旨ぐらい話してあると思ったんだよ、そしたら大分の検事正が、安田道直だったかな、「ちょっと環さん、これどんな事件ですか」って聞くんだ。でね、検事正にも話してないのかちゅったんだ。馬場義続はね、ほんとに昔から秘密主義でね。昭和電工の芦田のやつだちゅったら、検事正が「えっ、そんなでかい事件ですか」言うて。梅林組の捜索には一〇人以上の検察事務官が応援してくれたのに、趣旨も言うてない。ひでえもんだとそのとき思ったけどね。

それで梅林組からいい証拠が出たんですよ。福岡合同銀行の頭取は国会偽証で、二人とも起訴はしなかったけど、みな自白したからね、それはそれで。一二月三一日の夕方までに間に合うように屋代と僕は帰ってきて、高輪の建物にGHQの民政局長なんかが集まってるとこへ夕方の六時か七時に着いて、起訴したのが一〇時頃かな。その後打ち上げだ。正月の朝までアメリカ側も僕らと一緒に酒飲んでね。そんな最後だった。

忙しかった。この半年ぐらいの間、僕は一週間のうち二日ぐらいだな、鎌倉のうちに帰ったのは。あとは全部役所へ泊り込みで。

――**石塚**　馬場さんはどういう立場だったんですか。

環　東京地検次席検事でした。

2　議員立候補勧誘拒絶のこと

環　前に話した椢原隆一の兄貴が村会議員かなにかで、三木武夫の応援を一生懸命やったんだよ。ちょうど椢原や僕が大学入るとき、椢原の兄貴が三木に、「実は弟が今度、三高を卒業して大学入るんだ」って言ったらね、三木武夫が「そりゃいいことだ、東京へ出てきたらすぐ私のところへいらっしゃい、学費やなんか全部面倒みてやる」って言うんだ。椢原、金がないから。

それで、僕と椢原で三木武夫のところに行ったんだ。応接間に通されて、昭和一六年でしょう、虎屋の羊羹なんかもう東京にはないのに、それが出てきたんだ。でも、「ちょっと食うの待て。本人が出てきてちゃんと学費の約束したら食おう」って言って、やっと三木武夫が出てきて二〇分ぐらい話してたんだけど、学費のこと何にも言わないんだ。椢原の兄貴の話なんかしてるのにね。それで、帰ろうじゃないかちゅってね、羊羹も食わずに帰ってきた。そういうのが前にあって、僕は三木武夫に対しては、郷土主義っていうのは高く評価してたんだけども、それがあったから毛嫌いしてたわけだ。そこへ出馬を言うてきたからね、一発で断わった。

昭和二四年の衆議院選挙の戦後一回目か二回目のときに、三木武夫の秘書で一人、徳島出身の弁護士がおってね。それが僕のところへ来て、ぜひ徳島から立候補してくれって言うんだよ。「何にも準備はいらない。三木先生が全部地盤分けをして、当選は確保するから、とにかく出てくれ。三木先生の特別の要請だから」って。僕は、前の椢原の一件で三木武夫を嫌ってたから一発で断わったんだ。須磨とかいったな、その弁護士。なんでこんないい話、断わるんだろうっていうような顔して帰った。

3 公正取引委員会

——石塚 検察官は何年間在籍されていたんですか。

環 ほぼ五年だね。しかしそのうちの八カ月は、東京地検検事兼総理府事務官ていうんで公取へ行ってたからね。独禁法の運用の基本ができてなかったから、公取へ行って規則みたいなものをつくったりして。そのときに横田正俊と特に親しくなった。僕が事務室にいたらね、午後五時前ぐらいに横田委員がドアを開けるわけよ。「委員、なんですか」ちゅったら、「ちょっと神田の小料理屋で一杯やりませんか」って。兄貴はよく知ってるのね、横田さんを。僕は公取行くまであんまり知らなかったんだ。日本橋の室町って、神田まで歩いて五分か一〇分ぐらいのところに公取があったから、神田まで出掛けたら、動かせない屋台なんだけどすだれを立てかけてあるような変な店があるでしょう、福岡の中洲なんかにあるようなやつよ。そこへ入っていくから「委員、ここですか」って言ったらね、「ああ、これ、小料理屋だ」って。公取委員ていうのは認証官だからね。それで飲ってたの。調子に乗ってね、ちょいちょい出掛けていた。

僕が辞めてから横田さん、公取の委員長になって、それから裁判所へ帰ってきたの。公取では僕なんか一番年は若いんだけどね。審査一課長ってのが僕より八年ぐらい上のやつで、二課長ってのは満鉄で課長やってた一高出の優秀なやつなんだ。三課長はどんな人だったか忘れたけど、かつての秀才連中で職がなくなったから来ているやつらばっかりなんだな。部長は一人、裁判官から来た人がなったんだけど、その中でね、僕は二番目の給料なんだよ。一〇年も先に大学出て、満鉄の偉い課長なんかやってた人より、検事だから僕のほうが給料が上なんだよ。東京地検から僕らの給料はくるわけ。僕はまあ筆頭課長補佐ってやつだったんだけど、課長よりも給料が多いのね。検事になって四年ぐらいでしょう、それがもう大学出て一五年も経った人よりね、給料が多い。なんか体裁悪かったたな。

第4章　弁護士へ

環さんは、昭和二五（一九五〇）年四月、当時法務省訟務局第一課長だった兄昌一とともに退官し、弁護士になる。二人で法律事務所を立ち上げて一年ほど仕事をした後、昌一が、法務省民事局長を辞めて弁護士となった田中治彦の事務所に移ったため、一人事務所となる。担当した事件の多くは田中からの紹介だという。

この間、昭和二六（一九五一）年九月からチャタレイ事件の弁護人、昭和二九（一九五四）年一月から造船疑獄事件（捜査段階）の弁護人、昭和三三（一九五八）年から百里基地訴訟（国が補助参加した原告側地主の代理人）等を担当した。チャタレイ事件は、わいせつの概念と表現の自由との関わりが問題となった著名な事件である。

造船疑獄事件は、朝鮮戦争休戦後不況に陥った海運業界から融資金の利子負担軽減を認める法律制定に関して政・官界に二億七〇〇〇万円を超える賄賂が贈られた事件で、自由党の佐藤栄作幹事長・池田勇人政調会長にも賄賂が流れていたが、佐藤に対する逮捕直前に犬養健法相の指揮権が発動されたことで有名である。また、百里基地訴訟は、土地売買に関する民事事件であったが、その土地の一部が自衛隊基地となったため、訴訟当事者の一方が自衛隊は憲法違反だと主張して土地売買契約の効力を争った事件である。

環さんは、民事事件のもう一方の代理人であり、そこに国が補助参加して統治行為論を主張したものである。同事件係属中に環さんが弁護士から裁判官に任官して水戸地裁判事として赴任したため、違憲を主張する弁護団から「吉田総理の走狗となって水戸に赴任した」と責められることとなった。

1 検事退官・弁護士へ

——石塚 弁護士になられたのは昭和二五年四月ですね。

環 うん。僕は昭和二四年の初めに東京地検刑事部へ移って油糧公団事件ていう業務上横領の取っつきをやったんだ。それを八月までやって公取へ移ったんですよ。それから翌年の昭和二五年四月に辞めたの。

——石塚 検事を辞める動機はなんだったのでしょうか。

環 兄貴がね、「おい、こんな馬鹿馬鹿しい役所にいるのは嫌だからもう辞めようと思うけど、お前も一緒に辞めないか」なんて言うからね、僕もあまり面白くなかったから、そんなら辞めようかっちゅうのが、もとだったたんだよな。

兄貴が辞めようとなったのはね、ちょうどこの頃、GHQが高級公務員は全員試験するっちゅうんだ。判事や検事は別だろうって言ったら、GHQは、おんなじだ、やるっちゅう。それで我々は試験するほうではあっても、試験を受けるほうではないちゅってね、初め法務省の大方が断わったんだ。そしたら殖田俊吉っていう法務総裁がいてね――あの頃、法務総裁っていったんだ、大臣じゃなくて――それが各個撃破だ。兄貴なんかも、殖田法務総裁に赤坂かどこかの料理屋へ二回もご招待を受けてご馳走になったらしいよ。

結局、最後まで試験受けないって残ったのは三人だっちゅってた。若いほうじゃ兄貴、上のほうでは、明治大学から来ていた労働法の松岡三郎、それと福島正夫さん。東大にまた帰ったんだな。明治時代の土地の法制やなんかについての有名な本がいっぱいある。二人はもともと学者だったのね。昔からの判事は兄貴一人。その三人が最後まで拒否してたんだ。それで二人は明大と東大へ帰って。兄貴は裁判所に帰らなきゃしょうがないわけだ。それで東京地裁の判事にいっぺん帰った。それから、もう嫌だっちゅうんでさ、僕に辞めないかっちゅうって。

――**石塚**　試験って何をするんですか。

環　筆記試験。

――**石塚**　筆記試験を受けて、その結果でどうなるのですか。

環　まあ、みんな通るんだけど。外務省の与謝野さんが落ちたの。

――**石塚**　落ちると、どういうことに。

環　落ちたら、そりゃ、長なんていうのはなくなって、ヒラんなるんじゃないの。与謝野秀さんて有名な外務省の役人がいたでしょう。与謝野鉄幹の息子かな。あれ、どこかの局長だったの。それが落っこってね。批判的な、なんかいらんこと書いたんだろう。

――石塚　ああ、そういう趣旨の。なるほど、試験というのは思想調査のようなことなんですね。

環　GHQのね。そしたら僕が弁護士になってすぐ、弁護士にも講習すると。講習を受けなければ弁護士の資格を剥奪するって。それで、僕なんか一〇回ぐらい紀尾井町の研修所へ講義受けに行ったよ。

検察官を辞めた動機としては、さっきの馬場義続なんかのときに言ったように、とにかく検察官は単独官庁であって、それは検察同一体というのと矛盾しないと思うんだ。それなのに僕が検察官になった頃と違って上の方が一方的に命令してね。僕はだいぶ反発して、僕自身は不自由を感じなかったけど、非常に検察官の個性がなくなった感じがする。僕が一番司法部に行きたかったのは、自由にものが言えて、自由にやれるからだと思ってたのに。兄貴もおんなじような趣旨と、今の試験のことから、まあ辞めたっちゅうのかね。

――石塚　最初、事務所はどうされたんですか。

環　最初は僕一人で法律事務所をつくって、三、四カ月経ったら兄貴の辞職の辞令が出て、僕の事務所に入ってきた。兄貴と二人で小一年やったかな。そしたら田中治彦さんが民事局長を辞めて弁護士になるから、兄貴にぜひ来てくれって言われたんだ。僕も一緒に来てくれって言われたんだけど、僕の性格からいうと、また昔の役所の上司や先輩みたいなやつだと、けんかしたら兄貴も困るでしょう。それでまあ、刑事事件があったら手伝わしてくれ、事務所は別にってんで、僕一人残って、兄貴だけ田中さんの事務所へ行ったわけ。造船疑獄事件とか全部田中さんの紹介だ。受けたら、すぐ僕のとこへ言うてくる。それで、僕が二、三人先輩集めて、弁護団ができるの。それでやったわけ。

2 チャタレイ事件

――**石塚** じゃあ、チャタレイ事件はどうでしたか。

環 チャタレイね。これはもう『自由と正義』に書いてある通りだ（【資料1】一〇七～一二七頁）。裏話までみんな書いたつもりだけど。

ほんとの裏話っていうのは、中島健蔵とか福田恒存とか天下の有名人と飯食いながら、文学、心理学、社会評論の話をしたけど、そりゃ面白かったね。心理学の波多野完治、神近市子、英文学者の福原麟太郎、応援団のみなさんでいえば、川端康成、広津和郎とか。もっと若いんでは吉田健一（健一）ちゃんね、吉田茂の息子。それから青野季吉。そういうのと一週間のうちに二日ぐらいは一緒に酒飲んで。飲み屋へ行くと、そこにまた絵書きと作家がいる。井伏鱒二なんかとも一緒に酒飲んだけど、またその仲間がいるから一緒になって、わあっとやってたよ。話のはしばしが面白いんだな、聞くことがみなね。こっちも若かったし、あんまりものを知らないでしょう。あんな面白い時期なかったな。

――**石塚** 当時おいくつでしたか。特に一審の二年ぐらいの間が一番面白かった。

環 二七、八歳じゃなかったかな。

3　水田三喜男の外為法違反事件

環　野村佐太男が東京地検の検事正のとき、大蔵大臣の水田三喜男が外為法違反でひっかかっちゃったんだよ。水田の娘がパリへ留学してて、そこへお金を送るのにドルがないんで送れないんだ。それなら、パリに支店を持ってる日本の会社のパリ支店で娘にドルをやり、日本で水田がその会社に円を渡しゃいいでしょう。それもほんとはいけないんだけどね。僕が顧問をやってた会社のパリ支店からわずか二〇〇〇ドルを娘に渡した、日本で水田はその会社に七二万円を渡した、それがこの事件。この会社が別の事件でやられたもんだから、それがばれちゃって、水田を、時の大蔵大臣を起訴せざるを得ないというんだよ。野村検事正は僕の部下だったから、彼のとこへ行って勘弁してくれちゅった。

そしたら、まあ大蔵大臣だし、大した金ではないから、いいだろうって言っておきながら、また呼び出されて行ったらね、「君、やっぱりあれ、起訴しなけりゃいかん」とか言うんだよ。どうしたのっちゅったらね、社会党の代議士にも、おんなじぐらいの金額のやつで罰金をやっちゃったって言うんだ。だから、社会党は起訴してね、自民党だけ勘弁してやったなんてもしばれたらね、問題だから起訴せざるを得ないなっちゅうから、「あんたね、あんたではないの」って言うたんだな。僕らにいつも、検事は約束した場合には職を賭さなきゃいかん、そう言ったのあんたのほうじゃないのちゅったんだ。僕はなんのときでもその通り守ったよ。東京の検事正ともあろう者が、弁護士との約束を守らないでどうするかっちゅってね、僕は怒ったわけや。そしたら、ちょっと待ってくれ言うてね。主任検事を呼んで、なんか話してて、「これ、水田の奥さんじゃ悪いかね」言うからね、「まあ、奥さんならそんな大したことないから、それじゃ奥さんにするか」ちゅったら、「そうしようかね」って（大笑）、それで奥さんに罰金。そんなことあったな。野村検事正がたじたじになってね。正論だからな、こっちが。まあ、正論でもないか。

4　吉田茂の小切手にまつわるエピソード

——石塚　ちょっとはずれるエピソードなんですけどね、いつかもう一度、お伺いしようと思っていたのは、吉田茂の小切手の話なんですが。

環　うんうん、息子の健ちゃんの。

——石塚　とても面白い話なんで、お話しいただけますか。

環　チャタレイのときね、応援団に吉田茂の息子の健ちゃんがいたんだ。当時、僕も彼も鎌倉の借家に住んでいて、鎌倉～東京間を一緒に通ってたんだけど、健ちゃんの借家がね、一軒の家を長屋みたいにして分けて貸してるの。彼が確か一番奥を借りて女房と一緒に貧乏暮ししてるわけよ。書くものはあまり売れないしね。親父とはもう勘当みたいになってた。その前の二軒のうちの一軒がね、アメリカ兵の売春宿や。それでよく彼の家へね、「おーい」や言うてアメリカ人が入ってくるわけよ。それで女房が売春婦かなんかに間違えられて、もうかなわんから家を替わるっちゅうんでね、「環さん、一緒に二所帯でどっかちゃんとしたところ、借りようじゃないか」と相談してたら、いよいよ金がなくなったらしいんだよ。

それで神奈川の大磯の邸宅へ行ってね、親父に、「後で返すから、一つ金を融通してくれんか」って言ったんだよ。吉田茂なんて自分の銭のこと、全然知らないんだよ。そこいら探して、机の引出しなんかに入れてあった当時の三菱銀行鎌倉支店の小切手帳があったの。まあ鎌倉だから、これでいいだろう言うてね、小切手に金額と吉田茂って書いてくれたわけ。一〇〇〇円くらいかな、たいした金額じゃないのよ。で、それ持って、駅前にある鎌倉支店に行ったわけだ。

で、行ったらね、受付のやつが小切手を見てびっくりした顔してね、「少々お待ち下さい」言うて、支店長のとこへ持ってった。そしたら支店長が出てきてね、「あの、吉田総理のなんとかでございますか」言うから、「ああ、そうだよ。小切手にしたから、お金ちょうだい」って言ったら、「はい」とか言ってね、その金額をちゃんと持ってきたらしいわ、支店長が。「お立て替えさせていただきます」って。「お立て替えって、おまえ、小切手をやったじゃないか」言うたらね、「はっ、あの口座は、もう一〇年かなんか前に解約して……」「え？　あれ紙きれか」「はっ、いえ、もう、あのどうぞお持ち帰りください。お立て替えはします」（大笑）。それでも彼は金に困ってたからね。「そうか、じゃあ、またちゃんと精算するから」言うてお金はいただいて帰ったらしいけどね。吉田総理も吉田総理だよな、一〇年も前の解約になってる小切手引っ張り出してね。子供も子供やけど、親も親だ……（大爆笑でしゃべれない）。もうおかしくなっちゃってね。

健ちゃんはね、いっしょに東京駅行くだろう、そしたらね、「ちょっと環さん、待って」言うから待ってたら、なかなか帰ってこないんだよ。で、先に切符買ってくるの。鎌倉の家、出るとき五円もらうんだ。往復の汽車賃ね。そしたらね、もう帰りは五円が、まあ三円ぐらいになってるんだろうな。先に切符買わないと帰れなくなるでしょう。

それでね、「あの、ビアホールでちょっとビール飲みますか」言うて、ビアホールやってないはずだけど、どんどんプラットホームのほうへ入っていくわけよ。そしたら廊下みたいなところに台を置いてビールを売ってるのよ。立ち飲みするわけだ。それがビアホールちゅうんだ。そしてね、僕が最初にビール買うわけやな。健ちゃんは、じゃ僕はちょっとつまみをや言うて、南京豆（笑）。それで飲んでね。持ってる金ではビールは足りないわけや。僕がビール代出して。横須賀線で、よお一緒に帰った。飲むのは大方僕が出した。

それがちょっと本が売れ出してね、昭和二六か二七（一九五二）年頃からかな。もうそりゃ大変な金持ちだから。鎌倉で一緒に家借りるどころじゃなくて、またたく間に東京の市ヶ谷かどこかに家買ってね。で、あるとき銀座のビアホールの飲み比べコンクールやいうのに出て準決勝くらいまでいって、八人の中に入った。文藝春秋の池島信平っていう社長もずうっと一緒に飲んでついてった。それでまた彼の家に戻って、池島と今度はブランデーを二人で一本ぐらいあけたらしい。そしたら、うえっーて血吐いて、その晩、胃潰瘍ですぐ入院だ。だいぶ入院したよ。もう無茶苦茶なんだもの。あれ、よおけ儲けたな、まあそんなんだ。

5　造船疑獄事件

環　造船疑獄事件（昭和二九年）は、戦後、外国の船舶を造る場合には国が利子補給をするという法律ができるにあたって政界、造船会社、海運会社等の間でいろいろ関係ができて、その後、山下汽船とか飯野海運等が利子補給を受けた分を浮き貸しして、それで儲けた分を有田二郎なんかの海運族議員に渡した汚職事件と、会社の特別背任事件なんだ。僕はこのうちの飯野海運の俣野健輔社長と三盃一太郎副社長と田村専務の弁護を受け持った。その後で、日本船主協会の会長、これは日本郵船の社長が会長をやってたんだけど、それも受け持った。

公判段階は、俣野が中央大学出身だから中央大学で固めるっていうんで、塚本重頼が中心になってやったもんだから、僕は捜査段階しかやらなかった。その三人が特別背任で捕まる前の日に、日比谷のホテルで三人に特別背任について大講義をやったんだ。その後、今日逮捕されるから、もう一時間でも二時間でも寝なさいちゅうた。

三人が逮捕されて、あれは俣野君が調べられてるときだ。主任検事が河井信太郎で、僕はそこに行っててね、河井君の前で黙秘権の復習をもういっぺんやったんだ。そしたら河井君が、「いや、証拠隠滅はいくらおやりになってもいいですよ」なんて言うからね、「あんた何を言うとるの、検事ともあろう者が、証拠隠滅と黙秘権の説明を一緒にして、馬鹿なこと言いなさんな」言うてやったの。三人は、僕が前の日にこれだけはきちっと言わないかんよって言ったこと、ちゃんと守ったんだ。図利目的についての法律的問題が争点だったの。俣野は、四回ぐらい再逮捕やられてね、今だったら完全に違法っていうね。特別背任なんて形態は同じだから、それを一つひとつ取り上げて二〇日間ずっとやるわけ。全部で八〇日ぐらいやられたんじゃないかな。

このとき、犬養健法相が指揮権発動したんだけどね、三人が逮捕される前日に僕が特別背任の講義してたでしょ、日比谷の角のホテルで。その頃あそこが一番よかったんだ。一人五万円くらいで、ベッドが三つもある大きな部屋で講義をやってたわけよ。そしたらね、ふっとドアが開いて、変なおっさんが顔出して「ああ、失礼」とか言って引っ込んだんだ。僕は知らなかったんだけど、彼らは誰なのか知っててね、「あれ、法務大臣の犬養……」。同じ部屋が三つくらいあって間違えたらしいんだ、向こうはぱっとドアを開けただけだから気がつかなかったかもしれないけど。後で調べたら、犬養に彼女がいて、その日比谷のホテルにいつも来てたらしいんだ。それが一部屋間違えて顔を出して、そのしばらく後に、「指揮権発動！」（大笑）。

それからこの途中でね、佐藤栄作の前に、池田勇人に嫌疑がかかったんだ。日本郵船で船を廃棄処分したスクラップを売った金を裏金にしてた。償却してるから一億円くらい浮くわけね。その中から池田に一〇〇万円の小切手が渡ってて、それが落ちてないことがわかって、どうも河井君のほうでも気付いたらしいんだな。後で、僕とブラジルに一緒に行くことになった松本正男、あれが池田の顧問弁護士だったんだ——松本は池田の推薦で最高裁判事になったんだから——。その松本さんから電話があって、新橋演舞場の横に池田に関係のある女将がやってる料亭があって、そこに来てくれっちゅうんだ。そこでわけを聞いて、とにかくその一〇〇万円の小切手を探し出せって言ったんだ。渡したほうの日本郵船の常務はそのときアメリカに行っていて、もうじき帰ってくるらしい。帰ってきたら二人とも捕まるぞって。

それで探したら、その料亭の手文庫みたいな引き出しから、くしゃくしゃになった一〇〇万円の小切手が出てきたって連絡があって、すぐに河井君のとこへ持ってった――本当は会社の事務所のどこかに入ってたのを見つけ出したらしいんだけどね――。とにかく、「これは、使いの者が持ってきて、忘れて置いてったんじゃないか、池田君は知らなかったんだ」って河井君に説明した。そしたら、河井君、にたあっと笑ってね、「いや、うまいこと弁解するな」言うて(笑)、まあ、とにかく全然使ってない、くしゃくしゃになった小切手があったんだから。

その後、日本郵船の常務が羽田へ着いた途端に連れて行かれて、河井君にしぼられたけど、同じ説明をしたらしい、誰かがアメリカを出る前に常務に電話で連絡したんかもしれんけどね。それで事無きに終わったわけだ。

その直後に佐藤栄作がやられそうになったんだけど、もう弁護士がいないんだ、いろんな人へついてるから。飯野海運は海野晋吉と田中治彦と村山っていう僕の先輩の元検事、それから蓑山とか僕がやってたわけ。海野さんは日立造船にもついてたし、僕は日本船主協会をやってたでしょう。刑事専門がいないわけだ。佐藤栄作が一番あとになったから、弁護士を探し回ったけどいいのがいないんだ。後で田中治彦さんから聞いた話だと、「佐藤栄作が、大竹武七郎と環君をくれって言うてきたけど、大竹君はやるけど環の若い衆はやらないって言うといたよ」。僕も「結構です」って。大竹さんが佐藤栄作の弁護人に行った。その直後に、「指揮権発動」になったから苦労なかったたんだよな。

6　三鷹損害賠償訴訟

環　その後の東京都の汚職事件とか、通産省、建設省、電通省の汚職事件もやった。東京都のは知事から直接頼まれて。しかしね、弁護士としては当然のことをしたんだけど、なんかよからぬことやったなっていう感じがするよ。だから、今度また弁護士になったら、権力犯罪は一切やらずに権力と立ち向かうやつだけをやって、顧問は一つも持たないで、それでまあなんとか飯食ってけばいいじゃないかっちゅう感想を最後の頃は持った。

その最後が三鷹国賠訴訟だ。三鷹事件で無罪になった被告人が、堀さん、馬場義続、田中っていう八王子支部長、そのほか三鷹事件を担当した検事八人を個人として訴えたんだ。だから国賠ではなくて、民事の損害賠償。僕は検事の代理人をやったんだ。一〇年間無料で、兄貴と一緒に。で、一〇年かかったけども、休止満了ですんじゃった。お金がなくてね、共産党が。

近藤完爾さんが最初裁判長で、新村義広さんがその後の五年ぐらい裁判長だった。最高裁の判例が出る前だ。個人は大丈夫だろうけど、まあ様子見て、簡単な準備書面を出してたわけだ。個人は責任負わないって、今国が言ってるようなことをね。そしたら近藤さんは、どうも個人責任を認める方針かもしれんちゅうんでね、あわてて書き出したの。裁判長が新村さんに代わってもね、そういう必要がないとは言わないんだよな。普通、個人のやつ、だめだったら今のようにみな分離して、すぐ棄却しちゃうでしょう。そういう態度に出ないからね。個人はだめだっちゅう最高裁の判例が最初に出たのは、その後だと思う。そんなことが頭に残っててね。全国裁判官懇話会で近藤さんを講師に呼んだことがあったでしょう。そのとき聞いたら、それほど深く考えてたわけじゃないんだけど、官吏だからっちゅうてどんな場合でも責任負わないっていうのはおかしいと思ってはいたと、こう言うんだよね。

僕もケース・バイ・ケースだと思うけれども。最近、遠藤事件の国賠訴訟の代理人をやってるんだけど、これは裁判官個人を被告にした事件だ。三鷹事件と反対に原告側の代理人。若い諸君がやってるのを横から応援できるんなら、と思って入った。僕が大阪高裁で有罪やった山口組の鳴海事件は最高裁で敗れてね（昭和六三年一月二九日最高裁二小判決）。僕も佐伯千仭《ちひろ》さんあたりから訴えられりゃおんなじ。僕はそんなつまらんことは言わんつもりだけどね。僕はやられたらちゃんと法律家らしく応答するつもりでいるけど、まあそういう反省の意図も込めて代理人になったんだ。代理人ていえば、百里基地訴訟では、国側に近い代理人をやって、終始一貫しないような気もするんだ。左翼の諸君の弁護士がやってきたような一貫性と比べると。

――**石塚**　そりゃそうでしょう（笑）。

環　ちょっと説明を求められたら困ることもないわけではない。

――**石塚**　三鷹国賠――国賠ではないけど――損害賠償事件については、馬場さんとか被告本人から頼まれたわけですか。

環　そう。法務省を通じてね、法務省から一括してやってくれって。それで最初は割に事件が大きいから兄貴にも手伝ってもらうということで、五、六年近くやってたら、向こうから電話がかかってくるわけだ。青柳盛雄さんとか岡林辰雄さんとか有名な大先輩の共産党の弁護士から。「ちょっと具合が悪いから、この次の法廷、延ばしてくれないか」言うから、「いやいや、もう私のほうは被告でございますので」。それが四、五回続いてね。「先生、まあ延ばすのいいけど、もうそろそろお取り下げになったらいかがでしょうか」、「冗談言うな、君、取り下げなんかしたら僕らの立つ瀬がないから」なんて言いながらね、だんだん出てこなくなって休止満了になりかけたら、また期日指定の申立て。それを三、四回やるうちに、それも出なくなって、とうとう九年数カ月で休止満了だった。

7　百里基地訴訟

環　仁科哲さんと一緒の法律事務所でやってた頃、仁科君の防衛庁の友人がね、百里基地訴訟をやってくれないかって頼んできたわけだ。仁科さんは社会党だから立場上、俺はできないから、環さんやってくれないか言うから、そりゃ自衛隊の憲法違反という主張になってきたら、国のほうの考え方によっちゃできないかもしれないけれども、まあ九条違反という主張はすぐ出てこないだろうからやりましょうかちゅって訴え起こしたわけ。

事件自体は、売買契約に基づく所有権移転登記請求訴訟っていう普通の民事事件の原告だ。そしたら、被告側から、自衛隊は違憲でその違憲の目的に使う飛行場の土地の売買契約は憲法に直接違反するから無効であるという主張が出てきたんだ。それで僕は法務省に行って、指定代理人として出てこいと。憲法違反についての国側の意見をちゃんと出せって言ったんだ。そしたら指定代理人が出してきた書面には、合憲なんて書いてないんだよ。要するに、違憲と思う人もおるし、合憲と思う人もおるし、憲法に違反するというようなものの考え方が、国民全体の意見になってるとは言えないから、そういう場合に憲法に反するということで、無効だなんてことは言えないんだというような趣旨だったように思うんだ。これなら僕の考えと真っ正面からは反しないから、僕は代理人を辞めないで、裁判官になるまでやって、あとは兄貴にバトンタッチした。

僕は裁判官になって水戸地裁に行ったんだけど、初めは調子よかったんだ。渡邊良夫君、新井君、それから尾崎さんとかがね、兄貴が代理人で出ていくと、「新しい環先生も弟さんを見習ったらどうですか。弟さんは本件原告側はもう敗訴間違いなしと思って早々と退却して裁判官におなりになった。環先生も一つ、裁判官に転向なすったらいかがですか」言うてね、調子よう僕はほめあげられてた。そしたらね、横地君て僕の同期のやつが民事の裁判長になって、総理大臣やなんかが申請した証人をばさっと全部却下したわけだ。そしたら急に僕のほうへ矛先が向いてきてね。

九月頃だったかな、僕は三月に裁判官になって水戸地裁に赴任したんだけど、ちょうど常陸太田支部に出張で留守のときに、尾崎さんが僕の部屋に来て、小倉さんという裁判長がいたんだけど、僕の机の前で、尾崎さんが辞職勧告を読み上げてったちゅうんだ。それを僕の机の上に置いて、もう一枚辞職勧告を持って、今度は所長の鈴木忠（後の司法研修所長の鈴木忠一）さんのとこへ行ってね、もう所長室へ連絡が行ってたわけだな。そしたら鈴木さんが、「尾崎さん、私の前でもそれ、お読みになりますか」言うたら、「いや、もう君の前では読まなくていい」とか言うて、ぽんと見せたやつを置いて帰ったたっちゅうんだ。
その辞職勧告の中味がすごいんだよ。「環裁判官は、吉田茂総理の隠密の命を受けて水戸地裁の判事になり、吉田の走狗となって側面から本件を国に有利な判決を得させようとして策動しておる、もってのほかである、環裁判官は、自衛隊が合憲であると明言した最初の民間法曹である、よって、直ちに辞職することを勧告する」って書いてあるの。僕が夕方、常陸太田支部から帰ってきたら、所長がお呼びですって言うから鈴木所長のところに行ったら、「環君、君はけしからんやつだなあ。吉田総理の走狗となって、所長である僕の頭越しにスパイに来たのかね」言うてね（笑）。「ああ、そうですか。僕は吉田総理っていっても、息子にはよう会ったことあるけどね、親父は知らんのだ」、「そうか、じゃあ罰にうなぎ喰わしてやるから」ちゅうて、大工町にある吉田屋っていうところでうなぎ喰って、飲ましてもらったけどね。
翌日の水戸版の朝刊見たら僕の顔写真入りでね、「環判事は違憲思想の持ち主、辞職勧告さる」やいうてね、無茶苦茶や。夕刊には、衆議院の決算委員会で、水戸地裁環判事の辞職勧告について社会党のなんとかいう代議士から質疑があって、石田和外事務総長が答弁してるんだよ。

――石塚　へえ。そうなんですか。

環　石田和外の発言のとこに「あっ」って、そのまま書いてあるんだね。「あっ、そうでしたか、環判事が百里基地訴訟の代理人であったというようなことがわかっていれば、水戸なぞにやるのではなかった」（笑）。それが、衆議院の決算委員会の答弁書に出てるの。冗談言うなっちゅうんだ。

僕は弁護士から裁判官になるとき、今持っている事件の主なものを書いてくれっていうから、いの一番にこの百里基地訴訟を書いたわけ。それで、僕と半時間も話して採用決定したんでしょう。そんなもの読んでないなんて言えないやね。少なくとも、守田直人事局長は読んでるわけだ。それなのに決算委員会で勝手なこと言っちゃったんだな、石田和外は。そしたら今度は守田直からの転任運動が始まったわけよ。それも所長や僕に言うてこないで。

守田直と兄貴は同期なんですよ。それで、兄貴のとこへ来てね、「百里基地訴訟の問題ではなくてね、最初から東京地裁の判事にするつもりだったが、本人がしばらくは地方へ行きたいという意向で、鈴木忠さんがぜひほしい、来てくれっちゅうんでやったんだ。東京の近くへ帰られることはむしろいいと思うから、千葉へ帰るように君から言ってくれないか」言うて。それで兄貴から、「なんだか知らんけど、そんなこと言ってきてたぞ」や言うからね、僕は「いいよ」って言ったの。考えてみりゃ、当事者からすると「吉田総理の走狗」まではならなくったってもいろいろ思うだろうから。そしたら転任になった。

そのときはもう新村（義広）さんが鈴木さんの後の所長に来ててね、新村さんはよく知らないわけだ。守田直人事局長は、所長の新村さんには何も言うてないの。新村さんは、単に僕をだんだん東京に近いところへ行かせるって言った。

そのとき、伊藤邦晴君が左陪席でね、「環さん、絶対にそんなものに屈しちゃいけない」っちゅうんだ、青法協（青年法律家協会）だから。しかし僕は、「別に水戸でもどこでもいい。裁判すりゃいいと思ってるんだから」っちゅって、千葉へ転任したら、鈴木忠さんから、筆で書いた長い巻手紙が来たわけよ。「君が一年で千葉へ転任になるとは不可思議である。なんか不満なことがあるんじゃないか。もし不満があるなら、ぜひ言うてきてくれ。自分のできることは何でもする」て趣旨のことが書いてあるの。百里基地訴訟のことは書かないけども、それが頭の中にあったんでしょう。元人事課長と人事局長だからね。頭へきたんだろうと思うんだ、あんなことで転任させるとは何事だと。彼の考えは僕らとまた違って、そんなことでは左翼に屈することになるんじゃないかという考えなんだな。伊藤君のとまた違う。三者三様だけどね。しかし親切な人ではあるのよ、温かいね。やっぱり詩人のような感性はあるわけ。長い巻手紙だ、筆で書いた。それで僕は、いやいやなんでもないんだ、東京近くに来て喜んでます、ぐらいのことを書いて返事出したら、何にもそれから言うてこないけどね。そんなことあって。

尾崎さんとは、その後があってね。東京で僕は女性の修習生を指導したことあるんだ。彼女が弁護士になって尾崎さんの事務所へ入ったわけ。そして、彼女が結婚して式を挙げることになって、僕にも招待状がきて行ったらね、席が尾崎さんと向かい合わせで（笑）。尾崎さんがなんか変な顔しとったのよ。宴会がすんでから廊下へ出ると、尾崎さんが「環さん、環さん」言うてくるわけ。それで僕は、ああ、あのことだなと思ってね、「いや、あの水戸のことでしょう」っちゅったら、「はっ」ちゅうからね、「いや、なんとも私は思ってませんから」って。尾崎さん、「まあ、わかっていただけりゃいいんだから、いや、どうもどうも」言うて（笑）。あんなこと言わなきゃよかったと思って、尾崎さんはいつか僕に言おうと思ってたんだね。そしたらちょうど結婚式で再会した。今も尾崎さんと仲いいんだもの。

――石塚　ああ、そうですか。尾崎さんて、尾崎陸《のぼる》さんでしょう。お元気ですか。

環　そう、司法官赤化事件の。元気ですよ。この間（ユンゲル・）キューリング君が来たときなんか、最後の送別会のときに隣同士で一緒に酒飲んんで。尾崎さんとはね、そんなことあったの。「吉田総理の走狗となり」（笑）、ひでえやな。（注：司法官赤化事件とは、昭和七年から翌年にかけて裁判所の判事・書記などが共産主義活動に関与した疑いにより逮捕された事件。尾崎陸氏は当時東京地裁判事で、昭和七年一一月に治安維持法違反の容疑で逮捕された。）

――石塚　無罪判決は、弁護士生活でどのくらいありましたか。

環　一二件かな。電通省って今の電電公社（ＮＴＴの前身）だけど、電気通信局ってのがあってね、全部で一七、八人の大疑獄だった。僕は贈賄側だったんだけどね、中野次雄さんが単独でやったんだよ。全員無罪。あれ、立派な判決だった。昭和三二（一九五七）年か三三年頃ですよ。中野さん、僕は三つ無罪をもらった。一人の裁判官に、珍しいやな、東京地裁でね。一つは国選で無罪や。麻薬かなんかで、僕はばんばん証人尋問してたら、まぐれでうまく当たって無罪の証拠が出てきて、それで「無罪」。中野さんは判例の考え方は反対だけれども、高裁の判例委員会では、中野さんと僕はいつも意見が合ってね。そういう点は僕を信用してくれる人だね。

――石塚　結局、弁護士だったのは何年間ですか。

環　一一年だな。

8　警察予備隊警備課長の勧誘・佐藤栄作の弁護人

環　二番目の転機（一番目の転機は、前章の衆議院議員立候補の件を指す）はね、検事辞めて弁護士になってからになるけど、昭和二七年頃かな、布施健って後で検事総長になったのがいるでしょう。彼からちょっと話があるからっちゅって行ったら、「今度、警察予備隊ができて、その警備課長に法律家がほしいと。その次のポストに、僕の二年ぐらい上のやつが内務省から来てなったんで、二年後に優遇するからって警察予備隊から要請がきたから、何とかならんか」っちゅうから、「いや、僕は役人がいやで辞めたんで、役人て名のつくものは何にもなるつもりないから。せっかくのあれだけれども」と言うて断わったんだ。そう言ったけども、実質はね、また軍備やるのかと思ってたから断わったの。それが二番目の転機。あれ行ってりゃ、防衛事務次官ぐらいにはなってた。まあ、おとなしくやってりゃよ。

布施健とは、群馬コーヒー事件てのを一緒にやった。彼は兄貴の三高時代の同級生でね、このときの被疑者の小杉平一っていうのも兄貴の同級生でね、群馬県の警察本部長やってたの。知事と副知事、警察本部長と食糧課長、四人被疑者にした事件だ。東京から布施健と石井春水と僕と地検から派遣されて一週間ぐらいやって、結局、副知事と食糧課長を起訴したんかな。警察本部長と知事ははずした。起訴した副知事ちゅうのは、後で防衛庁長官になったね。そのときの警察本部長が小杉で、僕の名前、珍しいから弟だってわかってたんじゃないかと思うけどね。とにかく、布施健が小杉から頼まれてと言うんだから。兄貴も小杉も布施健も大学同級だからね。

それと三番目の転機は、前に話したけど、造船疑獄事件で佐藤栄作の弁護人になってくれって、大竹武七郎さんと僕と名指しで言われたときに、田中治彦さんが断わった。田中さんは大竹さんとは六高（旧制第六高等学校）の同級生で、「大竹君はやるけれども、環の若い衆はやらない」って言って。あのとき佐藤栄作の弁護人でもなってたら、指揮権発動で助かったからね。君、一つ俺の顧問やってくれないかって（大笑）。

——石塚　おとなしくしてれば……。

環　いろいろある。転機はね、その三つぐらいだな。

第5章　裁判官任官

環さんは、昭和三六（一九六一）年三月、裁判官に任官し、水戸地裁に赴任する（前章の百里基地訴訟の「吉田総理の走狗」はそのときの話）。昭和三七（一九六二）年四月に千葉地裁、昭和四〇（一九六五）年五月に東京地裁に転任し、刑事単独事件を担当した（ここで戸別訪問違憲判決を出す）。その後、昭和四一（一九六六）年一二月より同地裁刑事一四部（令状部）の部総括裁判官となり、同部で仕事をしていた宮本康昭と出会う。当時、学生事件華やかなりし頃で、勾留事件処理や学生事件の訴訟指揮をめぐって所長・所長代行等と対立することもあった。そんなこともあってか、昭和四三（一九六八）年四月に東京高裁に異動となる。

1　裁判官任官の動機

環　僕は裁判官をちょっと買いかぶっていた。裁判官になったら何でもできるような気がしていたし、思ったとおりにやろうと思っていた。しかし、裁判官になってもこっちがやりたいような事件がくるわけではない。二〇年の間に三件か四件かな。裁判官も僕には面白くなかったな。僕はそんなに学者肌ではないから、学問を深く研究できないし、自分流でやったから、それがあまりよくなかった。もっとちゃんとやれば本当はよかったのだけど、時間が足りない。勉強もする、遊びもするなんて、みんなできないよね。時間が足りない（笑）。

検事や弁護士は利害関係が伴うのがたくさんいるでしょう。それと社会との関係もある。でも、裁判官は自分が思うとおりにやればいい。だいたい兄貴がそういう考え方を持っていて、若い頃から見ているじゃない。それでそうなったのかもしれない。

――石塚　お兄さんの影響もあったのでしょうね。

環　あったと思います。

――石塚　それと当事者を検察官、弁護士とやってみて、やはり最終的な判断者の……。

環　裁判官になってみたけれども、やはりだめだった。

――石塚　例の戸別訪問で違憲判決を書いたときに、あれは単独事件ですよね。ほとんど前例がないようなときに、でした。（【資料2】一二八〜一三四頁）

環　自分なりに随分考えたし、資料も読んだ。相当工夫して、少し遠回りして、有罪にする余地も少し残しながら、本件はそれには当たらないから無罪とやったんだ。そんな遠慮せずに自由に無罪にすればいい。勇気がない、なんて安倍晴彦君なんかが言うけど、上級審まで通す理屈がいるんだ。安倍君とは今でもそのことでけんかしてる。

――石塚　前にこの話を聞いたときに、自分なりに考え、資料もいろいろ探したという話もお聞きして、やはりそうかと思いました。

環　やはり自分で考えないとね。石油闇カルテルの事件で、「価格協定の要請」なんていうのは教科書にも何にも書いていない。たまに書いてあってもろくな内容でない。たいていの独禁法の本は読んだ。その点、小野慶二君は僕より少し甘くて学説に負けるようなところがあったな。僕にはそれは全然ない。学説を無視して、みんな考えた。それがまだ通ってるんだ。最高裁の判決になって残っているでしょう、あの事件の。

2　東京地裁・東京高裁時代

――石塚　東京地裁刑事一四部（令状部）の部総括がほかの人たちに比べて長かったのは、しかもそのあと通常部の裁判長にならずに高裁に上がったのは、やはり何かあったのでしょうか。

環　それはやっぱり奥野利一（当時の東京地裁所長）のせいでしょう。あいつとよくけんかしたからね。

――石塚　そういうことですか。

環　僕が集団事件をばんばん却下するでしょう。そしたら二度目ぐらいから安村和雄所長代行を通じて、僕んとこの主任書記官に、どの判事が何人却下したか調べさしてきた。その主任が後で僕んとこへ来て、「部長、えらいことをしてしまいました」と。「何?」っちゅったらね、「きのう所

東京地裁刑事 14 部忘年会（昭和 41 年 12 月 23 日）

長代行から依頼があって、それを出しました」って言うんだ。

僕は、「それは君、間違ってるな。あくまで裁判長である僕のほうにきて、僕がよければ出すわけなんで、所長代行とあなたは何も関係ないんだから、筋が違ってるし、内容もおかしい」って言ったんだ。「役所で必要な範囲で、何人裁判官が従事して、何人勾留請求がきて、何人勾留し、何人家裁に回し、何人釈放したというのはちゃんと出してあるし、裁判所の統計としてはそれしかいらないはずで、どの判事が何件却下したなんて調べる必要ないんだ。それが安村の考えではなく、刑事のこと知らない、もっと上のやつが言うてきてるのがわかるから、今度また言うてきたら、すぐ僕んとこへ言うてきなさい。僕から安村に言うから」って言っておいたんだ。

そしたらね、二、三日してまた百何十人の調査依頼が来たわけや。それで、主任書記官が「きました、きました」って。「ああ、そうか、安村か」っちゅったら、「そうだ」と。それで、僕は安村のところへ行って、「代行、なんか言うてきてるらしいけど、何してんの?」ちゅうったんだ。僕は、もう怒ってたからね。そしたら、「あっ、環君か、いやいや、あの、具合い悪いか」言うから、「当り前じゃないか。僕はあなたに必要な範囲の報告はきちんとしてるのに、主任書記官あたりにこそこそ聞いてくるとは何事だ。何の必要あってそんなこと聞くんだ、そりゃあんたの意志じゃなくてね、あんたも命令されてやってることは、僕はよくわかってるけど、もうそういう非常識なこと、やめてください」ちゅったんだ。そしたら、「あっ、そうか。そんな、まあいいよ。またビールでも飲もう」なんてね。安村の特徴や。背後に奥野所長がおるんだ。非常識なやつだなと思った。

奥野は初め、調子よかったんだよ、僕が一四部にいたとき、彼が所長になって来てね、「あなたが環さんですか、お兄さんはよく存じ上げていて——地裁で一緒の部だったんだよ、兄貴は左で、彼が右で——よろしく頼みます」や言うてね。しかし、その後けんかばっかりしてるから、あいつが僕を嫌ってるなって思ってたけどね、僕から言わせると。所長の奥野に恥かかしたりなんかしてるでしょう、だから。

——**石塚**　奥野さんとの事件はまだいくつかありましたね。

環　弁護士が、某裁判官の訴訟指揮が不当だから、奥野所長から注意してくれってきたんだ。それで、奥野が部総括を集めて、理由がないっていう決議をしようっていうわけだ。僕は一人反対した。「訴訟指揮に関することであって司法行政機関が関わるべきでない。所長から、これは裁判官会議で決めることでないから返上します、という手紙を書いて出したらいいじゃないか。この会議でその判事のやり方が悪いという結論が出たら、悪いと言うのか。裁判の独立に最も反すること

東京高裁に転任（昭和43年4月）

じゃないか」って、僕は言うた。

勾留事件で忙しかったから、奥野が夕方もういっぺんやろうって言ってね。夕方再開したら、奥野が、「じゃ、あの、全員一致でこれ」言うからね、「いや、私は反対だから」ってまた言った。そしたら横川敏雄が立ち上がって、何だかわけのわからんこと言うんだよ、僕に賛成するような反対するような。寺尾正二だけが、僕に賛成みたいなこと言うたよ。全員一致や言うからね、僕だけ反対だから、ちゃんとそう書いておいてくれって言った。僕は一番若い部総括だったけど、断固反対した。

あれ、どうなったかは知らん。全員一致になってるかもしれん。恥さらしですよ。あんな人の訴訟指揮をいいとかいう結論出したんだから。どうかしてるんじゃないかと思った、みんな。誰も言うやつがいないんだもの。横川とか、寺尾とかいながらね。寺尾がなんかまあ、僕をなだめるような、僕の言い分もあるように言ってたけどね、全然反対しないんだよ。東京地裁の部総括がみんな集まりながらね。これも奥野の差し金だ。

――石塚　それで東京高裁へいきなりですか。

環　そう。まあ大体理由はあるんだ。おかしいね。

――石塚　東京高裁は、最初はどなたの部だったんですか。

環　最初は一部の脇田忠さん。昭和四三年に脇田さんで、昭和四五（一九七〇）年に裁判長が替わって堀義次、右陪席が高橋幹男になった。

第6章　横浜地裁へ

環さんは、昭和四六（一九七一）年五月、東京高裁から横浜地裁刑事単独部に異動となった。その年の四月、宮本康昭判事補の再任拒否があり、また、横浜地裁では、その前年、同地家裁所属の判事補の法律雑誌上の発言を神奈川県警が名誉毀損として告訴するという事件があり、騒然とした雰囲気であった。この時期になぜ環さんが横浜地裁に異動となったのかは、本章を参照されたい。

昭和四六年四月から、全国各裁判所において、宮本康昭判事補の不再任の理由開示を求め、あるいは再任そのものを求める要望書提出が相次ぎ、その数は六四七名に上った。そのような動きを背景に、同年一〇月、東京において「全国裁判官懇話会」が開催され、環さんは世話人として名を連ねる。結局一年五カ月後の昭和四七（一九七二）年一〇月に東京高裁に戻る。

1　横浜地裁異動にかかわるエピソード

――**石塚**　じゃあ、東京高裁で堀（義次）さんが裁判長の時代に横浜地裁の話があったわけですか。

環　そう、当時、東京高裁は岸盛一さんが長官で、飯田さんが長官代行だった。僕が「東京地裁じゃないのか。東京高裁に来るときも、奥野利一さんが東京地裁の所長にいるから来たんで、最初の年から地裁に帰してくれって言ってたんだ」って言ったら、飯田さんが「それはよくわかってるけど、横浜は今ちょっとあれで……」。要するに、野瀬（高生）さんが若い人を抑えられなかったっちゅうわけ。それで、僕にその抑えに行ってくれっちゅう意味なんだよ。僕は「そんなもんできませんよ」って言ったんだけどね。そしたら飯田さんが、「まあ二、三年横浜地裁をやってもらって、それからどこかにおいでいただくか、こちらへ帰っていただくか……」。どこかにおいでいただくかっちゅうのは、田舎の裁判所の所長にするってこと。

僕は岸さんにも、野瀬さんの代わりにそんなことできませんよって言ったんだよ。

――**石塚**　当時の横浜地裁は、どんなふうに言われてたんですか。

環　例の『法律時報』のあれがあったでしょう。あの事件で所長代行の野瀬さんが若い人をよう抑えられなかった。それで淀んでるからね。（注：法律時報昭和四四〈一九六九〉年七月号に、横浜地家裁実務問題研究会名で「代用監獄と法定警察権」と題する判事補の座談会が掲載されたが、その中の発言が横浜県警の名誉を毀損するとして、同県警が判事補を告訴したという事件。）

――石塚　淀んでる。

環　うん。僕が横浜地裁に行ってきちっとやってくれと、こう言うんだよ。僕は初めからそんなつもり毛頭ないから、横浜へやられること自体不満だったんだ。それで、「そんなことできませんよ」っちゅったら、岸さんが、「いやいや、君ならやれるから」言うて。僕が謙遜して言ってるんだと思ったらしいんだ（笑）。岸さんは昭和二〇年代に、『判例タイムズ』なんかで座談会やったりしてよく知ってるし、お父さんも知ってるし。彼はそのころ、僕をそんな無頼漢だと思ってなかったらしいんだ。横浜に行ったらきちっと若い人を押さえて、それで業績を挙げて、どこかの所長になってもらおうっちゅう気だった。

――石塚　なるほど。

環　それで横浜地裁に行ったら、呼び戻しにかかって（笑）。

――石塚　私は当時、判事補で横浜地裁にいたんですけれど、みんな、環さんが東京高裁から来るって聞いて、それこそ高裁長官の命を受けて、若いのを抑えに来ると（大笑）。

環　長官の考えをあなた方はちゃんと見抜いてたわけだ。僕だけが違う考えで、長官とあなた方は大体同じような意見、持ってたんだ（笑）。

僕も個人的にはいろんな人に迷惑かけたよな。気の毒なのは上野敏さん。東京からすぐのいいとこの所長へ行けるのに、僕を代行にしないためにわざわざ横浜地裁へ寄り道させられて。こっちに来たために損したな。千葉家裁の所長に行ったでしょ。もっといいとこ行ける人なんですよ。ようできた人なんだ。奥さんが亡くなって非常に困ってたんだよ。鎌倉に住んでたから、横浜へは希望して来たと思ったんだ。それで聞いたら、「いや、希望なんかしません、どうしてここへやられたか、ぜんぜんわかりません」て。その直後、江里口（清雄）さんに会ったとき、江里口さんは怒ってた。全然相談なく上野さんを横浜にやるとはけしからんて。上野さん、江里口さんの右陪席やってたんだから。江里口さんに相談したら反対されると思ったんだな。長官から直接、上野さん本人に言ったらしい。本人も何でやられたかわからないからね。後でわかったら僕は恨まれるよ。

2 全国裁判官懇話会

――**石塚** ところで、宮本康昭さんとは、東京地裁刑事一四部のときに一緒でしたね。

環 一四部では僕の隣の席で、四カ月ぐらいいた。よう話したし、僕のうちにも遊びに来てね。その後、彼は浦辺衛のとこの陪席になって、浦辺からいろいろ聞いてたから、転任するとき、「君、ちょっと東京帰れないよ」っていうことまで話しとったの。だけど首になるなんて、もう全然思わないからね、あんな優秀なやつ。ちゃんと正論吐くから、浦辺に嫌われるのよ。浦辺ってのは正論じゃないんだから。浦辺の意向は相当入ってるね。所長あたりになんか言うたんじゃないの。あんな合議できないようなやつ、困るとかね。

――**石塚** 全国裁判官懇話会の創設当時（【資料3】一三五～一四一頁）、環さんの目から見てどのように思えましたか。

環 僕は裁判所の中では新人だし、入ったのが遅いから、要望書などは出したことないんだ。そしたら西村法君が、「環さん、宮本問題で一緒に運動してくれないか」って来たんだよ。そりゃ、僕は宮本君をよく知ってるし、再任拒否なんて無茶苦茶だから、「うん」て言ったんだ。西村君は僕を誘っておきながら、いつの間にか消えちゃってね。その後、懇話会に誘われたの。僕が横浜行くか行かんかの頃から準備始めたんだね、あれ。

——石塚　第一回が昭和四六年一〇月二日でした。

環　僕はブラジルの会議に行って、帰ってきてから、田中（昌弘）君、小野（慶二）君、森田（宗一）君なんかと聖富荘っていうところに集まった。若者ばっかりだね。年寄りはいない。森田君が一番年は上だけども、僕と一期違いだから。それと、小野君、中平（健吉）君、三宅陽さん。谷口茂栄さんとか三井明さんはまだ後だ。それで、まあやろうっちゅうことになったの。

——石塚　そのとき、大阪の石松竹雄さんとか、連絡はないんですか。

環　いや、東京だけで。しかし、会合には来てくれた。そのときに関西でもやるからっちゅうんで、東京の懇話会からも行ったわけよ。こりゃ、もう全国でやろうかと。だから初め、「全国」ってついてなかったんやな。

——石塚　「仮称」って書いてありましたね。

環　それで関西で近畿裁判官懇話会をやって、その次から全国でやるようになった。

——石塚　今、裁判官懇話会を振り返って、どんな感想をお持ちですか。

環　うん、少なくとも司法行政に対する具体的な効果っていうものは目に見えないけども、相当大きなものがあったと思うし、実務問題でも、あれだけの人が集まって、ああいう会をやらないと出てこない議論ができましたね。そういう意味で、無駄なことやったとは思ってない。そんなに華々しい言葉では語れないだろうけれども、底力には相当なってるような気がしますね。みな注目してましたよ。

ただ、ドイツやフランスの諸君の話を聞いてると、日本ていうのは後れてる国だなって感じは強いね。裁判官の組合なんて、向こうでは当り前になってる。ブラジルの会議に行って知ったんだけど、ドイツ裁判官連盟っちゅう一番穏和な懇親会みたいな程度のものだっていろんなことやってるって言うんで、びっくりしたけどね。キューリングなんかでも、組合員で連邦憲法裁判所判事でしょう。十何人のうち組合員が三人か四人おるんだ。

第7章　世界司法官会議とニューヨークでの逸話

環さんは、昭和四六年の夏休み期間を利用し、最高裁判事松本正男の随員として、ブラジルで開催された世界司法官会議に出席した。松本とは弁護士時代の知り合いで随行を指名された。

1　世界司法官会議

――**石塚**　今お話に出たブラジルでの会議っていうのは何だったのですか。

環　世界司法官会議だね。

――**石塚**　テーマは何だったのですか。

環　司法官の自由かな。会議に行くのが急に決まったでしょう。テーマを与えられて、ちょっと論文を書いてくれと。忙しいから書けないと言ったら、日本にいるやつで賄えるからって。研修生でフランスから来ていたやつがいたんだ。そいつは面白いやつで、日本の論文を全部フランス語に翻訳してね。こっちはフランス語ぐらいできるやつはたくさんいるから、それで論文をかためた。二〇～三〇ページあったな。会議で一時間ぐらい演説できるようにした。

会議には検事も入ってるんだよ。検事総長も来てるし。アメリカは入ってないですよ。あとは主だった国がみな入ってるんだ。僕が行ったのは中央評議会っていう総会ですが、全員組合の代表で来てるわけ。その議長をやったフランスの裁判官が、「環さんは、来年のニースでの会議にも来るんだろう」っちゅうから、とんでもねえっちゅったんだ。僕が一生に一ぺんぐらいしか海外出張なんかさしてくれない（笑）っちゅったら、変な顔しててね。国から金もらって来てるっていうこと、理解してなかったらしい。会員は何人おるかや言うからね、会員て何だかわからないから、裁判官が二千何百人おるや言うたら、すげえ会だな言うて。向こうは「組合員が」という意味なんだ。それじゃ、もっとお金もらわないかん、言うて（笑）。ブラジルから帰ってきてすぐ、秘書課長の千葉君に、「向こうで、日本は会員いくらおるか聞かれたから、二千何百人いるっちゅうたら、それじゃもっと何倍も会費もらわないかんや言うとった。請求してくると思うから、覚悟せい。ほかんとこは大体組合のあれで来てるのに、君達が僕に何も言わんからそうなったんだから」ちゅうたら、「いや弱ったな」って（笑）。

会議に来てるのは大体が組合員、その委員長なんかそう替わるもんじゃないから、毎回来てるわけだ。日本だけが毎回人が違う。新しい最高裁の判事と随員でしょう。組合の役員が次から次に替わる、日本ていうのはどういうところだろうって（笑）。知らないから、日本の判事もこの組合に入ってるのかと、向こうは思ってたんじゃないの。

ブラジル出張（昭和46年）

会議でもわりあい進歩的なこと、話すわけよ。松本（正男）さんも全然知らないで行ってるだろ。だから新聞記者に反対のことばっかり言うんだ、明治時代の裁判官みたいなこと。僕は通訳に全部それを取り消して、また日本語で全部取り替えて。翌日、新聞にでっかく出てるの、「バイスプレジデント語る」やいうて。スペイン語だから読めないけど、何て書いてあるか聞いたら、ちゃんと僕の言うた通りで（笑）。松本さんが言うたのと全然反対のことが書いてあった。松本さん、スペイン語が全然読めないからね。「あんた評判いいよ、さすが日本のバイスプレジデントはいいこと言うや書いてある」言うたら喜んで、そうか、言うて。知らぬが仏だ（大笑）。

——**石塚**　これは今もずっとあるわけですね。

環　今もやってますよ。最高裁判事が行ってる。そこへ加盟してるのが、たとえばドイツは穏健なドイツ司法官連盟。このあいだ来たキューリングなんかが入ってるやつ。

――石塚　今はもう最高裁判事なんか行ってませんよ。ぺーぺーが行ってます。実態がわかったからですね。最高裁判事や随員なんか、とてもう。その程度の位置づけじゃないですか。

環　僕が行った頃は、あんまり実態がわかってなかったんだな。

2　ニューヨーク暴漢事件

――石塚　ニューヨークに行った話もお伺いしたいのですが。

環　ニューヨークはその帰りに行った。ブラジルの会議がすんで、一年ぐらいどこかへ行ったらいいだろうと松本さんは言ったけれど、そんなに遊べない。それならちょっとアメリカを回っていこうかということで、ラスベガス、ニューヨーク、ワシントン、ハワイもちょっと行った。

――石塚　ニューヨークで暴漢に襲われた女性を助けたんですよね。

環　そう。セントラルパークの北のハーレムで。

――石塚　そんなところに行ったのですか。

環　行ってはいけないというのに、間違って入っちゃった。日曜日だったけど、コロンビア大学に行くつもりでね。コロンビア大学は地下鉄の一番西の端で、ハーレムを越えて、丘があって、その丘を上がって大学に行くつもりで地下鉄に乗ったのに、間違えてハーレムのど真ん中に降りたんだ。そうしたら、黒人ばかりだろう。酒を飲んだやつが騒いで町を走ってくるわけだ。暑いから、町の水道管を開けて公の水をかぶって、そこでワーッとやっている。ひょっと見たら、外国人のお嬢ちゃんが二人、追いかけられてるの。これは助けなければいかんと思って。こっちは一人で、向こうは酒飲みみたいなのが二人だと思ったら一人だった。それで、イエーッと柔道の構えをした。僕は柔道、知らないんだよ（笑）。しばらくそんなことをしていたら逃げていった。

二人はドイツの女の子で、僕はドイツ語はよくしゃべれないけど、単語のような会話で何だか通じて、やっぱりコロンビア大学に行くところだったらしい。それで一緒に行ったら、日曜日で休みなんだよ。その女の子はドイツから留学していて、明日案内するからと言ったけれども、こっちはそんな暇はないから、名前も聞かずに別れた。

日曜日だけはハーレムに行かないように、と総領事に言われていたのに、その直後。僕も進んで行ったわけではないんだ。

——石塚　昭和四六年というとアメリカの治安が一番悪い頃ですよ。現職の裁判官がケガでもしたら大変なことになる。

環　日本国の代理人だったからね。

第8章　東京高裁・大阪高裁時代

環さんは、東京高裁では刑事七部に所属した。昭和五七（一九八二）年に大阪高裁の部総括に異動となり、ここで定年を迎える。

1　東京高裁・石油闇カルテル事件

――**石塚**　横浜地裁から東京高裁に戻られた後、東京高裁で担当された中で一番大きいのは石油闇カルテルの事件ですか。（注：石油ショックのときに、石油元売り業者が石油製品を一斉値上げする合意をしたことが独禁法違反に問われた事件。昭和五五年九月二六日東京高裁第三特別部判決、昭和五九年二月二四日最高裁第二小法廷判決。）

環　そうですね。

――**石塚**　このときはどういう構成だったのですか。

環　部の構成としては海部安昌さんが部総括で、その後に浦辺衛さんが来た。東京高裁の刑事七部で、陪席は小野慶二さんと僕。価格協定の事件は僕が主任をやり、物資の動きに関する事件は小野君が主任をやった。小泉祐康君が陪席。浦辺さんは独禁法だけ。独禁法以外は僕が裁判長をやったり、小野君が裁判長をやったり。裁判長が三人いたようなものだ。

――石塚　そうすると、宮本康昭さんのことについて浦辺さんからいろいろ聞かされたのは、その時代ですか。

環　浦辺さんから聞きましたね。岡村治信さんが最後の裁判長。だけど高裁全体の上席だから、長官代行の仕事が半分、あとの半分は独禁法だった。小野君が名古屋高裁の部総括で出て、僕は大阪高裁の部総括で出た。

定年退官を前に（昭和61〈1986〉年）

2　大阪高裁・貝塚事件

――石塚　大阪高裁では、金の延べ棒の密輸事件が大変でしたね。

環　大阪高裁に行くと、いきなり金の延べ棒事件の専属にされてしまって、在任中の半分ぐらいの時間をかけたな。その後、貝塚事件（【資料4】一四二～一六三頁）。三つか四つぐらい大きな事件があったけれども、そのうちの一つで負けた。僕らの判決が最高裁で覆されて、僕が有罪にしたのが無罪になった。

――**石塚**　鳴海事件という山口組の襲撃事件ですね。

環　しかし、あれもおかしな事件だった。

――**石塚**　そうでしたね。一審が確か神戸地裁で、最高裁で破棄差戻しになったのですね。

環　そうです。

――**石塚**　あれは大弁護団が付いていた。佐伯千仭さんとか毛利与一さんとか。佐伯さんを先頭に大阪は勇ましい時代でした。

環　そうですね。しかし、よくあれで収まったと思うような事件もあったけれども、大阪高裁では弁護士とけんかにならなかったね。僕が裁判官としてやった事件で、最終的にあいつはけしからんなということを、偉い先生と言い合ったような事件はない。普通はたくさんあるはずだけど。

第9章　再度弁護士へ

二度目の弁護士生活は、寺井一弘弁護士が所長を務める、「りべるて・えがりて法律事務所」に席を置いて始まった。退官後しばらくの間、「現代司法を考える会」の活動として、最高裁の人事行政によって裁判官の独立が侵されている実情について発言が続いた（【資料5】一六四～一七五頁）。そして、七五歳になったとき、横浜事件再審や中国での戦後補償裁判に関わる。横浜事件再審では、判決の復元に努力し、平頂山事件（注）では弁護団長を引き受け、何度も中国へ足を運んだ。

1　横浜事件再審

——**石塚**　裁判官を終えられてから、すぐに横浜事件の再審をやりますね。

環　いや、あれは僕が七五歳のときだから、辞めてから相当あとだ。中国の戦後補償とだいたい一緒ぐらいでしょう。この二つ、急に話がきてね。

やくざの事件もやった。山口組。たまにああいうのがないと、全然お金もらってないから。

——石塚　中国の戦後補償をやっても、お金が出ていくばかりでしたね（笑）。

環　ほんとにもう出ていくばかり。

——石塚　横浜地検におられたとき、横浜事件のことは何か知っていましたか。

環　全然知らなかったけれども、ウエダという検事が横浜事件をやっていたのを横から見ていて、これは問題のある事件だと思ってました。ウエダさんはその事件をやったので、これはいかんと思い、検事を辞めて弁護士になったのではないかな。急にいなくなったんだ。彼は一高を出ていて、そういうのに少し通じていたところがあった。よくできる人で、もう少し日本の体制が続いていたら検事総長になっていたかもしれない。ウエダさんも、再審をやっても訴訟に出てこないものな。

——石塚　そのウエダさんという人は、思想検事の中でも批判的だったのですか。

環　そうそう。だから、この事件が起訴されて、すぐ検事を辞めてしまって弁護士になった。ああいう人がいつもいるんだよ、目立たないで。僕のようなパーッと変なことを言うやつは目立つものだから、多少名前が出るけど。

——石塚　当時、思想検事はエリートですか。

環　そう。思想検事というのは身分が違う。

——石塚　横浜事件のときの検事局の責任者は誰だったのですか。

環　初めの頃は、日本の検事は治安維持法をやるのを恐れたのではないですかね。僕が検事になった頃にはそれがだんだん薄れて、たたくのは当たり前だ、となってきた。それで横浜事件など

南京にて（平成５〈1993〉年）

が起こったのだけど、あの頃、特高みたいなのが何人かいましたよ。検事でもね、そこをやらないと出世しない。

——**石塚**　横浜事件の再審（【資料６】一七六～一九八頁）は、環さんがやられたのは第三次でしたか。

環　そう。第一次を森川（金寿）さんがやり、第三次は同じ森川さん。

——**石塚**　横浜事件の判決を復元したものがあったじゃないですか。

環　あれは僕がつくり替えたようなことが言われているけれども、第一次再審からあったんですよ。第一次の弁護士が少し書いていて、それがもとになっている。それに理屈を付けて、起訴状ができる経過を系統的に見てつくり上げたのが、僕の起訴状（確定判決の認定事実と起訴状記載の犯罪事実はほとんど同一）。それは非の打ちどころがないものだから、東京高裁はやむを得ず「参った」

と言った。あんなのは僕の能力があるからではなく、僕の前の人は能力がなさすぎた。僕はあのとき七五歳でしたが、つくるのに三カ月ぐらいしかかかっていない。楽々というわけではないけれども、出来上がったわけでしょう。できなければおかしいんだよ。諦めていたところがあるんじゃないかな。

森川さんから、僕に頼むと丁重な手紙がきた。君しかやれる人がいないからって。それまで僕は森川さんをほとんど知らないんだ。沖縄の事件で知り合って、しばらくしたら、手伝ってくれないかという話があった。手伝うといっても、もう先生たちがやっているのにできないでしょうと言っていたのだけど、「あなたでないと、だめだ」という趣旨の手紙がきたから、これはやってやらないといけないなということで、引き受けたんだ。初めは、この事件はおかしいなという印象しかなかった。細かいことは全然知らなかった。

（注）平頂山事件とは、昭和七年九月一六日に、中国東北地方の炭田都市、撫順の近郊にある「平頂山」集落で、日本軍が中国の一般市民三〇〇〇名余りを虐殺した事件である。訴訟の原告となったのは、虐殺事件から奇跡的に生還した三人の老人たちであった。

平成六（一九九四）年八月一四日に東京地裁に提訴された訴訟は、日本国を被告として不法行為に基づく慰謝料を請求するものであり、環さんはその弁護団長となった。

平成一四（二〇〇二）年六月二八日に言い渡された一審判決は、「この（撫順炭鉱）攻撃事件の直後、日本側守備隊は、中国側自衛軍の進軍経路上にあった平頂山村の住民が自衛軍と通じていたとして、同村の住民を掃討することを決定し、同日朝、独立守備隊第二大隊第二中隊等の部隊が平頂山村に侵入した。旧日本兵らは、同村住民のほぼ全員を同村南西側のがけ下に集めて包囲し、周囲から機関銃などで一斉に銃撃して殺傷した後、生存者を銃剣で刺突するなどして、その大半を殺害し、同時に村の住家に放火して焼き払った」などとして、日本軍による住民虐殺の事実を、ほぼ原告の主張どおりの内容で認定したが、損害賠償請求については、いわゆる国家無答責の法理により、これを棄却した。平成一七（二〇〇五）年五月一三日の東京高裁、平成一八（二〇〇六）年五月一六日の最高裁も同様の理由で控訴・上告を棄却した。

以下は、この事件の控訴審結審の日である平成一七年二月一八日に行われた最終弁論期日での、環さんの弁論である。

「本件事案における被害の甚大性、加害行為の態様の残虐性、加害者である日本国に要保護性が認められないことなどを総合的に考慮するならば、国家無答責の原則や除斥期間を適用せず、国の賠償責任を認めることこそが、法の理念である正義公正の理念に合致する。

本件訴訟は、国内はもとより国際的にも注目されている裁判である。裁判所が本件事件の事実と日本国の責任を明確に認め、日本国に賠償責任を負わせることは、控訴人らの人権の回復のみならず、日本の司法の良識を国際社会に知らしめることになる。さらに、事件後一貫して国際社会を欺いていた日本政府の態度を改めさせ、国際社会における日本国への信頼を築かせる契機となるものであり、それは未来の平和の礎になるものである。

裁判所が、司法の果たすべき役割や、本件が国際的にも注目を浴び、歴史的にも重要な意義を有することを十分に自覚したうえで、控訴人らの人権救済に適う判決を下されることを強く願うものである。」

第10章　生き方を貫くもの

――石塚　これまでのお話をうかがっていると、一方で特捜検事や国の代理人もやる、他方で全国裁判官懇話会や戦後補償、横浜事件再審もやるっていう生き方ですけど、しかし、どこかで一貫したところはあると思うんですね。お兄さんにしても環さんにしても。

環　うん、うん。

――石塚　こう軌跡をたどってみると、大きな夢があって、その中を一本ずっと貫いている芯みたいなものがある。そういうのを環さんの生き方に感じます（【資料7】一九九～二〇三頁）。それは結局、このイデオロギーの時代に何か一つ正しいものを信じたり、あるいは目指してという生き方と違って、心棒があるようでないような、まんま生き続けたのが一貫性となっている。環さんとお話しして感じるのは、一種絶対的な相対主義です。

環　そう。

――石塚　自分がどこにいるかっていうのは、すぐには確定できないんだけれども、ずうっと軌跡をたどってみると、一つの筋が描けるっていう生き方。よほど強靭な精神力がないとできない生き方なのかなっていうふうに思います。

環　さあね。しかし、僕は意識するかどうかにかかわらず、そういうものの考え方はわりあい若いときからあったね。

俺は徹底的にやるぞ、とやるけれども、お前の言うことも、俺とは考えが違うから意味のないことだという言い方はしない、というのがね、口では言わないけども、ずっとあった。ラートブルフの相対主義も、最後に相対主義を否定するようなものの考え方は許せないというふうに変節した部分があって、あれはナチの影響だと思うな。相対主義ってあくまで相対主義でなきゃ。相対主義を否定するやつでも、一つのものの考え方でなきゃ筋が通らないもんね。

具体的な事態に当たったときにそれがどういう形で出るか、僕もよくわからんけど、そういう形にはなってたような気もするわけだ。その代わり、よくけんかもするけどね。そのときは、僕の考え方が正しいから認めさせようという意見がないとは言えないのが、やっぱりあるわけよね。あるけれども、半面、僕にものすごく反対するやつを好きなんだよな。極端なやつが好きなんだ。飯守重任さんみたいな人でも本音があるからわかる。しかし本音がないような、風見鶏みたいな、こいつは何を考えてるかわからんというやつが、僕は一番嫌だね。飯守のほうが好きだっていうのはそういう意味なんだ。あなたがおっしゃるように、ほんとに僕は相対主義者じゃないかなという気はするね。

――**石塚**　そうですね。だから、なかなか文字にはならないんだけど、生き方の全体であるものを示しているという感じがします。

環　まあ、後で考えてみたら、そういうことにもなるかなといえるんだけど、僕は一つも意識は

古稀をお祝いしていただく（平成3〈1991〉年2月、妻と）

してない。

——石塚　でしょうね。それを意識して生きていたら、逆に変になる。

環　ものすごく失敗もあるしね。失敗ちゅうか、今考えると、どうしてあんなことしたんだろうっちゅうやつがいっぱいあるわけだ。もう今ぐらいの年になるとね、失敗みたいなやつばっかりが頭へ残ってくる。

——石塚　そうですか。

環　いいこと一つも残ってこないの。話をさせられると最初に、そりゃもうほんとに僕なんか何にもしてないよって必ず言うんだ。もしなんか取柄があったら、それはあなた方が評価してくれりゃいいんでね。僕はほんとに失敗ばっかり頭に残ってる。まあ、次元の低い、酒飲んで失敗したとか、失言したとか、言うべきところで、いや、言わざるべきところで言うたとか、そんなんばっかり。

――石塚　環さんの失敗は、なんかやったっていう失敗でしょう。やらなかった失敗はほとんどないんじゃないですか。言うべきときに言わなかったとかね。

環　そうだな、そう言えばそうだな。

【資　料】

【資料1】 チャタレイ事件

【資料1―A】のチャタレイ事件についての環さんの小論は、「憲法訴訟の四〇年」と題された『自由と正義』の特集に寄稿された。チャタレイ事件とは、昭和二五年に出版されたD・H・ロレンス原作、伊藤整訳の『チャタレイ夫人の恋人』の出版と販売について、同年九月に東京地検が、伊藤整と出版社社長小山久二郎とをわいせつ物販売の罪で起訴した事件である。昭和二七年一月に一審（伊藤整無罪、小山久二郎罰金二五万円）、同年一二月に控訴審（伊藤整罰金一〇万円、小山久二郎罰金二五万円）、昭和三二（一九五七）年三月一三日に上告審（大法廷、上告棄却）の各判決が言い渡された。

わいせつの概念と表現の自由が争点となった事件であり、弁護人は、環さんのほか、兄環昌一、主任弁護人として正木旲、特別弁護人として中島健蔵と福田恆存が名を連ねた。統一的弁護方針の下、五人の弁護人が分担して弁護に当たったが、環さんが担当したのは、主に刑法一七五条のわいせつ概念についてであり、その主張の要旨は、後記の伊藤整『裁判』の冒頭陳述（【資料1―B①】）および最終弁論（【資料1―B②】）のとおりである。記録そのものは残っていないため、同書から引用した。このとき環さんは三〇歳という若さであったが、今読み返してみても堂々たる法律論であり、その後六〇年の歳月を経て前記の最高裁大法廷判決と読み比べてみると、その優劣は明らかというべきである。

この事件の被告人であった伊藤整は、公判の経過を克明に記録し、その記録は一審判決直後に『裁判』と題して筑摩書房から出版された。同書の中で環さんは「昌一氏の十歳下の弟さんでまだ三十歳であり、前年まで検事をしていた。（中略）甚だ戦闘的精神が強く、時としてはその戦闘的精神を抑制するのに正木氏が手こずる位」と紹介されている。同書の解説で中島健蔵は、本書について「ルポルタージュ（記録文学）の域にとどまるものではない。刑事被告人という立場に立たされた伊藤整自身の心理、感情の動きをはじめ、この裁判に直接に関係した人々の心理まで洞察して、一篇の文学作品を書きあげたのである。」と書いており、また占領下の裁判の記録としても大変貴重なものである。

【資料1－A】自由と正義三八巻五号（一九八七年）一三〜一七頁

チャタレイ事件（最大判昭三二・三・一三）

第二東京弁護士会会員
環　直彌

本件が法廷で争われたのは、今から三十数年前の憲法施行後間もないころで、私の記憶も随分薄れているので、本稿中不正確な点があるかも知れないことをお断りしておく。

事件の経過は、昭和二五年四月から五月にかけて、D・Hロレンス原作、伊藤整訳の「チャタレイ夫人の恋人」上下（以下本書という。）の出版、販売。同年六月から八月にかけて、警視庁防犯部保安課、東京地検（中込阩尚検事）の捜査。同年九月一二日、東京地裁に起訴。第一審は、昭和二六年五月八日から昭和二七年一月八日の判決言渡しまで三七回開廷。控訴審判決言渡しは同年一二月一〇日。上告審（大法廷）判決言渡しは昭和三二年三月一三日であった。

本件が、本格的な文芸作品がわいせつ文書として刑事罰の対象となりうるかが問われたわが国における最初のAケースであることは、周知のことであり、そこに現れた問題点が多岐に亘ったものであることは、最高裁刑事判例集一一巻三号九九七頁以下に掲記されている判決要旨が一二項に及んでいることからも知られるのである。

その審理、判決の内容については、伊藤整全集一二巻中の「裁判」（新潮社）、高裁刑事判例集五巻一三号二四二九頁以下、前記の最高裁刑事判例集及び正木ひろし著作集一巻中の「チャタレイ事件」によって略その全体が明らかである。

また、本件判決の解説、批判については、例えば、ジュリスト別冊の憲法判例百選（新版、Iもある。）、マスコミ判例百選（二版もある。）等があり、本件判決批評をも含めた性表現の自由に関する、例えば、ジュリスト増刊「性、思想・制度・法」宮澤浩一外編「性と法律」（成文堂）、曽根威彦著「表現の自由と刑事規制」中の「性表現の自由と性的ルールの保護」（一粒社）等枚挙にいとまがないくらい多数の論稿があり、そこでは、本件当時われわれが検討し、法廷で主張したことの殆どすべてが、詳細に論じられている。

右の外、小山久二郎著の「ひとつの時代」（六興出版）や兄昌一が共編著の一人である「性表現の自由」（有斐閣）をも併せ参照していただければ、本件における争点及びそれらについての被告人ら及び弁護人らの主張は、すべてお分かりいただけることと思うし、被告人ら及び弁護人らの主張の間に微妙な考え方の差異があることや結論に至る思考過程にも相当の差異があることを考慮すると、この小論において全体の法律論をむし返し、杜撰なまとめ方をすることは、読者に誤った情報を提供し、誤解を招きかねないので、本件に関心をお持ちの読者各位には恐縮ながら右各著書等をご覧願うこととし、本稿では、私自身の弁護人として行なった経験的事実について若干感想的に述べ、責をふさぎたいと思う。

受任から起訴、第一審第一回公判まで

私が昭和二五年四月にそれまで五年ばかり勤めた検事（当時東京地検検事兼公取委勤務の総理府事務官）を辞し、第二東京弁護士会所属の弁護士となり、ささやかな事務所を構えて間もなく、八月ころであったと思うが、公取委で同僚であった後藤英輔君（後に公取委委員）が、一高時代の友人であるという小山書店編集部長の照井彦兵衛君を伴って私の事務所に訪ねて来て、本書の摘発を告げ、今後の法律的な相談に乗ってくれと話し、ロレンスや本書の内容・性質、小山、伊藤両氏や本書の出版、販売の経緯につき一応の説明をした。私は、当時迂闊にも説明された事柄について殆んど無知であったので、同君らが持参した本書を一読したうえ、小山、伊藤両氏に会って、さらに事情を聴取した。そして、小山氏が第一審公判廷においても述べているように、本書の原作は、ロレンスが、現代人の生活の矛盾や虚偽が、人間生活の根本である性を正しく見ないところから生ずるという考え方から、性を正常で健康的なものであるということを積極的に主張した作品であり、戦後の社会の変革により性を無軌道に解放し、これを享楽する傾向になったことに対する警世の書として出版したものであることが良く理解できた。

しかし、この件の結果の予測という点では、私は悲観的であった。戦前、わいせつ文書・図画の取締りは、出版法

及び新聞紙法所定の「風俗を壊乱する」文書・図画として同法等によってなされていた関係もあって、刑法一七五条は、主として秘密出版による春本・春画を対象として来たのであって、私の学んだ刑法の教科書類にも至極簡単な説明がされているにすぎず、わいせつの概念についても、大正時代のリーディングケイスの判例に示されたものが何の説明もなく引用されていただけのように思われる。また、私自身、検事奉職中春本・春画に接することはあったものの、わいせつの概念やわいせつ文書・図画の処罰の根拠について深く考えることもなく、憲法施行にあたって、憲法についての若干の教科書や論説を読んで、基本的人権である表現の自由について勉強もしたが、刑法一七五条の解釈にそれがどういう影響を及ぼすかについては格別考えることもなかったのであり、その点について論及した論稿にもお目にかかったことはなかった。そのような状況であったから、本書中の若干の個所の性表現を見て、前記の判例に照らして本書が簡単にわいせつ文書と認定されるのではないかという危惧が生じたのである。

しかし、よくよく考えてみると、前記判例のわいせつの概念の中の中核ともいえる羞恥嫌悪の感という言葉の意味、それと刑法一七五条の法益といわれる性道徳の破壊との関係は、甚だ不分明であり、右のようなわいせつの概念から辛うじて引き出すことのできる法益が果たして刑法の法益として十分なものかなどの疑問が続出し、本書のような芸術的・思想的文書が刑法一七五条の対象とすることができるとすれば、同条は文化の向上にむしろ有害なものではないか、そうとすれば、右判例のわいせつ概念が間違っているのではないか、新しい社会の状況にふさわしい文化的価値に奉仕できるよう刑法一七五条を適用できる内容のわいせつ概念を樹ち立てることが必要ではないかという考えが強くなって来た。この事件に打ち込んでみようという挑戦的ともいえる気持ちを固めて行った。

そのころすでに、小山、伊藤両氏を支援する態勢にあった文芸家協会や日本ペンクラブ等の著作者団体の代表格であった中島健蔵氏や小山、伊藤両氏と対策を話し合った結果、私が中込検事と会い、本書がわいせつ文書でないと確信しているので、本件の処理については慎重な態度で臨んで欲しいが、小山、伊藤両氏側で何らかの措置をすることによって不起訴処分にできるというのであれば、検察官の意見を聞かせて貰い、こちらでも良く考えてみたいことを述べたところ、同検事は、本件処分決定前に私に何らかの意見を述べることを約束した。しかし、遂に右の約束は果たされないまま起訴に至った。私の右の提案は、前記のような本件の結末についての危惧があったから、ここで本書にわいせつの汚名を着せる悪い実績を残したくはないという気持ちからしたものであって、間違ってはいなかったと思う。しかし、今から振り返れば、結果こそ良くはなかったが、本件起訴により、刑法一七五条の適用に関し、憲法の表現の自由との関係で多くの新しい争点が提出され、わが国における憲法理論の発展に貢献できたと思われることとなったのは、別の意味では良かったともいえる。

ところで、思わぬ起訴となり、公判対策が急がれることになったが、本件はわが国の文化一般に関わる重大なケースであると思われ、若輩の私だけではもちろん弁護の任に堪えないので、小山、伊藤両氏の諒解をえたうえ、まず、私より少し後に判事（退官時はいわゆるアテ検として法務省に勤務していた。）を辞めて民事関係の弁護士をしていた兄昌一に弁護団に加わって貰った。本件の性質上広い法律的考え方が必要であり、民事的感覚も貴重であると思われたからである。さらに、主任弁護人として正木先生を依頼することに衆議一決した。兄も私も、同先生と面識はなかったが、同先生の戦前の「近きより」も、また、人権感覚あふれるその後の弁護活動も、強烈な印象を私共に与えており、文芸家諸氏との連絡も十分な立場にあったところから、最適任と思われたのである。私が交渉役となって同先生に依頼すると、約一月間もあったと記憶するが、慎重考慮のうえ、一二月になって受任していただいた。当時、連合国軍総司令部の命による弁護士の講習という奇妙なことが行なわれていて、その席で受任の意向を聞かされてほっとしたことをまざまざと記憶している。

それから第一回公判までの期間は、両被告人、三弁護人、特別弁護人中島健蔵、福田恒存両氏（両氏の選任は、本件訴訟に重要であり、その意図や難航した選任に至る経過について思い出も多いが、それらについては正木先生の前記著作に詳細であるから、省略する。）が、正木先生の強力な指導力の下に、全智全能を傾けて討議する日々であった。何しろこの種の初めての事件であり、各人の個性、経験の違いもあって、議論続出であった。中で、正木先生が、明確な形で主張された、憲法の言論の自由との関係で、刑法一七五条の適用範囲をしぼるという憲法論は、全員を納得させた。私も刑法一七五条の適用範囲についてはこれに近い考え方を抱くようになっていたが、これですっとその理論の道筋が読める気がして来た。そして、右理論に基づいて、わいせつの概念を前記判例と異なる視点から定義づけてゆき、また、性道徳というモラルの問題に刑法がどこまで関わるべきかを広く法哲学的観点から検討し、その結論として、本書がわいせつ文書に該らないことを検証する、という大筋の主張が形造られて行った。本書が前記のような文芸的、思想的価値の高い著作であることの立証は容易であると思われた。右の大筋の下での各人の主張の具体的内容、論理の進め方については、当然のことながら相違があったが、特に統一しようとはせず、各人において右大筋の論証に役立つようそれぞれ思索、研究を進めるという空気であった。このようにして、短い期間の準備で弁護の基本方針は出来上って行ったが、その主張の正当性を明らかにするためには、学問、芸術、思想各界の、また、庶民の良識ある証人による立証方法が有益で、必須であるとの方針も確認された。われわれが最も恐れたのは、裁判所が、従来のわいせつの概念を基礎として、本件最高裁判決もいうような、裁判所が、独自に認定する社会通念と称するものによって恣意的にわいせつ性の有無を判断することであったからである。そして、第一審の第一回公判を迎えた。

審理

第一審においては、右の立証方法が受容され、弁護人申請の多くの証人が取り調べられた。検察官もこれに対抗して多くの証人を立てた。

前にも一寸触れたが、裁判所が特別弁護人の選定に大きな難色を示した経過があり、また、相馬裁判長が、判決後、週刊誌に、「本書がわいせつであるか否かを審理する方法として、証人も鑑定人も許さず、ただ問題の訳本だけを裁判長が調べてこれを決する方法もある。」旨述べていることからみると、本件審理前、裁判所が右のような審理方法を考えていたと推察されないではない。証人調べを行なうことになった前後ころと思うが、訴訟関係人の打合せの際、裁判長が、「後になって、裁判所は多くの証人を調べたりして何という無駄なことをしているのか、と他の裁判官に笑われるかも知れないが、新しい争点のある事件であるから、今までの常識を破った審理をしよう。」という趣旨を苦笑しながら話したのを記憶する。

裁判所が右の審理方式を採ったのは、審理の冒頭段階において、われわれの側から、前記のような高い広い立場からの新しい理論を振りかざして本件に取組む姿勢を示したことも、預って力があったのであろうが、賢明な方法であったと思う。これによって、かつてない多くの問題点を引き出し、その新しい解明に資することになり、また、その後の同種裁判の審理に影響を与えたといえるからである。われわれの側の各証人の証言はすばらしかったし、検察側の各証人も、その立証にあまり成功したとは言えなかったとは思うが、それなりに意義はあった。立てる証人の選定には事欠かなかったが、尋問準備には多くの時間と努力を要した。しかし、それは、未熟な私にとって、実に楽しく有益で、弁護士冥利につきるものと思われた。

私の立論

大、小先輩に交って、私は、未熟ながら刑事実務家としての立場で私なりに努力して考えた。本件の性質や各弁護人の論理の進め方の相違も考慮して、各弁護人それぞれで弁論することとしたが、次に粗末ではあるが私の弁論の骨子を述べておく。

第一審においては、憲法論は正木先生のすぐれた弁論に任せ、私は、憲法論を頭に置きながら、一般に刑法罰条の法益となりうる条件を考察したうえ、これに基づいて、刑法一七五条の法益となりうるものは、性を人間性ないし人間生活に対して持つ位置においてとらえ、性を真正面に考え、性を通じて人間性、人間生活の向上を図ろうとする考え方ないしは風潮であるというべきであるとし、そうすると、わいせつ文書の定義は、「徒らに淫蕩的な性欲の興奮を起させる目的のもので、人を性についての淫らな享楽的な考え方に導き、健全な性的秩序を堕落させる可能性のある文書」でなければならないとして、この立場から判例の立場を批判し、右定義に基づくわいせつ性の判断にあたり、文書は全体の意味として判断さるべきであり、文書における作者の意図、目的を考慮せねばならず、意図、目的において性に対する真面目な思想を追求せんとするものがある以上わいせつ文書とはなしえず、文書の性質は、単に一部(又は大部)の人々に感覚的に——道義的といっても実質的には因習ないし儀礼的慣行にすぎないものに対して——与える反応によってではなく、客観的、価値的に判断さるべきであると附言し、ついで、本書の意図、表現及び性質を検討したうえ、右解釈理論に照らして本書はわいせつ文書ではないと結論すべき旨弁論した。

上告審においては、その審級の性質に応じて、私なりに憲法論を展開し、刑法一七五条が憲法二一条の表現の自由との関係で合憲と解しうる限界を論じ、本書に刑法一七五条を適用することは憲法二一条違反であると主張した。その要点は、表現の自由は絶対無制限の基本的人権であって、公共の福祉の名においても制限されえない。憲法一二条の公共の福祉は、個々人の基本的人権が調和ある統一的秩序において保障された状態を指すものであって、基本的人権の上にこれと対立するものとして存するものでなく、憲法一二条は、右のような公共の福祉の状態に近づけるよう国民が努力すべきであるものとするものである。ただ、表現の自由も、その行使により他の基本的人権を侵害し、それが基本的人権全般の伸長を害すると認むべき場合にはその行使が不法となるという内在的制約を有する。しかし、その場合でも、予め法律によって表現の自由の一般的制限の原則を示し、この違反に刑罰を以て臨むことは、不当な制限であって許されない。その結果、刑法一七五条は、表現の自由の枠外にあると認めるべき、あらゆる価値的立場からみて無価値で、有害無益な春本・春画の類のみを対象とすべきであり、その限りにおいて合憲であると結論し、これを本件無罪主張の根拠とする、というものである（ただ、春本等を処罰の対象とすべきかについては、現在大きな疑問を持っていることを付け加えておく。）。

現在の感想

結果は全面敗北であった。しかし、客観的にみて十分な弁護ができたのかに自信はないが、わいせつについての憲法判断が未発展の当時においては、その解明に最大の努力をし、問題の提起だけはできたという満足感はあり、その後の同種事件の発展のきっかけになりうるのではないかという期待感があったのはせめてもの慰めであった。

その後の同種事件の判例をみると、根本的な変革は見られないけれども、わいせつ性の憲法判断は徐々にわれわれが希望した方向に発展しているように感じられ、少数意見の中には、読んでいて自分が書いたものを読んでいるのではないかと錯覚するようなものもあって、もちろん、社会における性に対する考え方の変化にも原因があろうが、本件におけるわれわれの努力が次第に報われて来る思いがしてうれしい。今一段と理論と判例が進展し、刑法一七五条の存廃までが議論されるようになって欲しいものである。

【資料1－B】伊藤整『裁判』（筑摩書房、一九五二年）より

【資料1－B①】『裁判』三五〜三六頁

環直弥　私は猥褻罪の基本的な考えかたとして、先ず法益が何であるか、法益の中枢は何であるかということを相弁護人の申したようにとらえ、更にそういう観点に立って、一体文学作品である本件はどうであるかということを考える。具体的にいいますれば、著述の内容が性を真摯な態度で取扱っているか否か、それから著作全体の目的乃至は目的とのつながりとしての表現、むしろ表現のほうからその目的を推察するということは相弁護人がいわれたのでありますが、これは方法論であります。目的が先ずあってその次に構造が出て来るのであります。そういう全体の目的としての構造において猥褻であるかということを考える。或いは思想を表現するために必要な描写というものが文学作品にどの程度許されなければならないかといったような、猥褻罪としての基本的問題として採り上げなければならない問題を、なぜ検察官が意図は問題じゃない、表現だけが問題である。文学作品であっても猥褻の概念が起り得ることであると簡単にいい切られ、また全体の目的構造というものを、先程の釈明の際のように黙殺されて、単に露骨詳細に繰り返すことを問題にされて、簡単にそういうふうにして割り切られるのか。さらに法益の問題も相弁護人が申されたように空漠たる内容、戦後の風俗或いは風紀といったような何ら捉えどころのないものを持って来る。さらにそのほか一般読者というような捉えどころのないものを持って来る。そういうことで第百七十五条を正確に解釈されるということは私は甚だ不思議に思っておったのでありますが、これは結局憲法を頭に入れておられなかった。憲法を頭に入れてそれから出て来る刑法の第百七十五条の解釈をしておられない、従ってこの出版は公共の福祉に反するということをお考えになる。むしろこれが公共の福祉に合するものである。憲法十二条の後段所謂国民が公共の福祉のために用いたるのだということの理由がわかったのであります。

弁護人環直弥　最終弁論（要旨）

只今から当弁護人が被告人伊藤整同小山久二郎両名のため有利な弁論をしたい。先に正木旲主任弁護人より被告人等のために弁護人として取上げるべき問題を広く観察し、綜合的に弁論いたしたのであるが、当弁護人は弁論の範囲を法律的な問題（就中（なかんずく）法律解釈的問題）に限りたいと存ずる。（中略）

先ず刑法第一七五条の解釈論を展開したい。その第一として同条の法益は何であるかを論定したい。

刑法学において発達した保護法益が何であるかについては茲にその諸学説を羅列する遑（いとま）をもたないが、当弁護人はビンティングの定義即ち、「法益とはそれ自体法律ではないが、立法者の眼に於ては法律共同体の健全なる生活条件として法律共同体のために価値があり、それが変更せられず且攪乱せられずに保持せられることにつき法律共同体が自己の見解上利益を持ち且、従って立法者が、その規範によってこれを希望せざる侵害又は危殆（きたい）ならしめることに対し確保せんと努力するところのものである」という定義に従うを以て足りると考うるのである。

右の定義によって明らかなように法益は、

第一に価値でなければならない。即ち前述の如き法の奉仕する正義の理念に照らして有価値とせられるものでなければならない。即ち法益は価値判断、乃至は価値関係的考察方法のみによりて認識し得べきものである。

第二に法益は法律共同体に対して価値ありとせられるものである。

我々が刑法第一七五条の解釈をなすに当ってはこの如き法益概念を基礎として先ず同条の保護法益を認識してかからねば同条の正当な解釈をなすを得ないのである。

刑法第一七五条が如何なる目的を持ち如何なる保護法益を持って存在するかということにつき通常左の如く説明せ

られる。

即ち性生活に於て営まれる例えば性行為はそれ自体何等善悪美醜を以て呼ぶことはできない。少なくとも法律は之に対し無色を以て臨むものである。然し乍ら性器、性行為等性的生活に関係ある事項については人はそれを隠しておきたいという即ちその公開を忌う感情を有している。右のような感情が羞恥感情であって、この羞恥感情はよって以て健全な道徳秩序を維持する基礎となるものであって、性的事実を公開することによって、右性的羞恥感情は侵害せられ、社会の一般的性秩序が、健全な風紀が破壊せられ、国家の滅亡に迄導くという論である。この論においては、刑法第一七五条の保護法益は、一般人の性的羞恥感情ひいては健全な風紀といわれるものである。

本件主任検察官も亦しかく明瞭ではないが略（ほぼ）右の見解によっていると考えられるのである。又右法益を換言して、性生活に関して現実に存在する社会道徳乃至風習、善良の風俗というものがあるが、実質的には右と略同様の内容を持つものと考えられる。

当弁護人は、本規定の法益が性に関する善良の風俗乃至健全な風紀に存することは一概にこれを否定するものではないが、善良の風俗等の文字の持つ意味内容乃至はその法益を害するとは如何なることを言うかという点において大いに見解を異にするものであり、次に右論を批判反駁することにより当弁護人の見解を明瞭ならしめようとするものである。（中略）

先ず性的羞恥感情とは何であるか。当弁護人は思うに羞恥感情とは第十一回公判期日に於て宮城音弥証人が証言する如く本来性的感覚と同時に生ずる生物学的なものである。当弁護人はそれが従来の性に対する考え方、従来性を恥ずべきものであるとして来た態度の慣行に由来するものと考える。即ち性を罪悪視し、汚いもの、醜いものとして隠すべきものとするピューリタン的考え方が基礎になって、性に対しては口にすべきでなくひたかくしにかくしておくべきものであると振舞う慣行を生じ、それが習い性となってたまたま性に関する事項を耳にし目にするとそれに対して反射的に反対感情を惹起するに過ぎないものであると考えられる。右述のような性に対する考え方が宗教心と結びついて或る種の道徳的意味を持ち社会秩序維持に一役を演じていたこともこれを認めうるであろうが、人間の本能の解放が叫ばれ、性に関する無知が人間の性生活を不当に破壊に導くことが認識せられ、新しい性に対する認識の必要が叫ばれ始めて既に久しいのである。現今においては前述の如き性をタブー視し性を隠すべきものとする考え方は、既に過去のものとしてその道徳的意義を喪失したものと謂うべきである。かかる道徳的意味を失った考え方乃至は感情、感覚は多くの人々がこの考え方に従い、慣習的に有する心理であっても尚道徳的意味を失った形骸にすぎなく前述した儀礼的慣行に過ぎないものである。そのような没価値的なものは勿論刑罰法規を以て保護すべき価値的な法益となり得ないことは明らかである。

性生活は経済生活、宗教生活と共に最も重要な社会生活形式であり性生活を正しく真面目に享受することは我々の文化を形成し国家生活の根本的な基礎となり内容となるのである。前述のように性に対する世人の考え方は性を罪悪視し隠そうとした考え方から性の解放に向って進んで来ている。今日最早性の問題をどこまでも抑圧し、性の問題につき盲目であることが美徳であり善であると信ずる者はいない。

然し更に性を単に道具視し、みだらな目的、即ち単に肉体的享楽的目的を以て不真面目に取扱う取扱方乃至は風潮が存する。これこそ個々人の性的生活を頽廃的にし、社会の性道徳秩序を堕落させ、ひいては社会国家の滅亡を招来する虞れあるものである。基準は性に対するかかる取扱態度に存すると考うべきである。かかる風潮を惹起するような出版物の横行を抑圧しようとすることは法的正義の理念に適うものである。かかる観点からして法の守らんとする法益は正に性を、真面目にその人間性乃至人間生活に対して持つ意義に於てとらえ、性を通じて人間生活の向上を図ろうとする考え方乃至は風潮にあるといわねばならない。かく考えてこそ法益は道徳的国家的見地からする法律的価値評価に堪えうるものとなる。性道徳秩序といい性に関する善良の風俗といい、健全な風紀というものは右の如き内容を与えて初めて法益として意味のあるものとなるのである。

以上に於て、刑法第一七五条の猥褻文書販売罪に於て法の保護せんとするところが何であるか、所謂法益が何であるかにつき述べた。第二に当弁護人は、以下に於て右の法益に照して刑法第一七五条の具体的構成要件について検討を加えようとするものである。言うまでもなく刑法第一七五条に於て構成要件の解釈上問題となるのは、猥褻文書という概念である。猥褻文書の意義に関し、先ず本件起訴検察官の考うるところを考えると、検察官は、古く大正十二年の大審院判例に準拠し「性欲を刺戟興奮し又はこれを満足せしむべきものであって人をして羞恥嫌悪の情を生ぜしむるに足る文書」であるという見解を取っており、世の通説も多くこれに倣（なら）うようである。（中略）

当弁護人は右の「人をして羞恥嫌悪の情を生ぜしめる」なる文言は「人を性についてのみだらな、享楽的な考え方に導き健全な性的秩序を堕落せしめる可能性のある」と置き換えなければならないと考える。

然らば一応当弁護人の猥褻文書の定義として「徒らに淫蕩的な性欲の興奮を起させる目的のもので、人を性についての淫らな享楽的な考え方に導き健全な性的秩序を堕落せしめる可能性のある文書」とすることができる。

右は当弁護人の猥褻文書の定義であるが、以下に猥褻文書の要素を少しく詳細に検討する。勿論猥褻文書の要素はその作者を含む文書の側と読者の側と両面よりこれを検討しなければならないわけであるが、法は特殊な人を対象とするのでなく、一般的教養ある即ち理性的に判断する能力のある人々を対象とするものであり、それらの人々は文書の性質に従いその意味を受取るであろうと想像する外はないから文書の性質自体が猥褻文書の判断の中心とならざるを得ない。

（二）一個の文書は統一した一個の意味内容を持つものである。特に小説の如きは全体が作者の言わんとする一貫した思想乃至目的で貫いているものであってその一部一部を切り取って来て小説の意味を理解することは不可能である。猥褻文書とは従って猥褻なる行為を記載した文書と解するは妥当ではなく、文書全体の表示する意味内容が猥褻なる文書と解すべきものである。（中略）

イギリスの有名な刑法学者サー・ジェームズ・スティーフンは、「アリストファネスやラブレーやボッカチオやチョーサーの本の中には、いかに弁解しても弁解の立たない猥褻な部分がある。そんな部分だけ集録して発行したら犯罪となるが、それらの作品をそのまま全体として発行することは犯罪とはならない」といっているのである。それのみならず右の考え方はイギリス、ドイツの通説といってもいいところなのである。（証拠として提出した『群像』昭和二十六年八月号木村亀二、「文芸作品と猥褻罪」）アメリカにおいては旧く一部に、文書の一部に猥褻な部分があれば、猥褻文書販売罪に該当する旨の説をなすものがあるが、その所説も必ずしもその一部と全体とが如何なる意味連関がある場合であるかは不明であるし、一九三三年五月二日（コールドウェル、「神の狭い土地」）のニューヨーク州判例は、書籍が猥褻であるか否かを決定するには文章のある一句からではなくその主たる目的及び構成上から判断して、その書籍が制定法違反となるか否かを吟味すべきであるといい（People V. Viking.64 N.Y. S.534）一九三七年八月七日（ジョイス「ユリシーズ」）の連邦の判例も略同旨で、即ち書籍が猥褻であるか否かは、その書全体の淫蕩な性格によって決せられるべきである、と言っており（U.S.V. one book entitled〝Ulysses〟72F.2d.705）また右ニューヨーク州判例に掲示されてある他の判例より見るも右の考え方がアメリカの判例の趨勢であると考えられるのである。

本件起訴検察官はその論告において、本件において起訴したのは起訴状掲記の十二カ所であると言い、本書は右猥褻箇所十二カ所を含む文書であるから全体の意味如何は論ずるまでもなく猥褻文書なる旨陳述したが、この論旨の非論理的にして誤れることは以上述べたところによって明らかであろう。

(二) 文書は右に述べた如く一の意味を表明するものである限り作者の意図と切り離して論ぜられ得ない。作品の性格、表現の巧拙、従って効果の多少はあれ、すべて作者の意図によって影響せられる。勿論作者の人格が影響する所は大であるが、差当って問題なのはもっと作品に直接的な当該作品に対する製作意図の問題である。文書自体の目的は文書の性質と解せられるべきであるが後述の如く製作の意図と相関連するものである。

猥褻文書を書こうとするものも性的秩序の堕落をまで目的に書くことは考えられまいから、特殊な意図をもった者でなければ、主としてその意図は前述した徒らに淫蕩的な性欲の興奮を呼び起すことを目的として書く場合となろう。右の如き意図は猥褻文書たる絶対的要素である。右のような意図を有することなく例えば科学的な哲学的思想的な或いは芸術的な(内容的には正しい性の知識を得させる為、性についての人間の真の在り方を教える為或いは真に性の美しさを表現する為等)目的で書かれた場合、(これは後述する如くある得ないことでありあくまで仮定であるが)この文書が右の様な淫らな性欲興奮を生ぜしめるような結果になったとして、当該文書が猥褻文書となり得るであろうか。否である。

この点につき、猥褻というためには文書が性欲を刺戟興奮する目的即ち意図の下に作成されたことが根本的に必要であり、従って以上の様な科学的又は文学的芸術的目的の下に作成された文書は猥褻ではないとするのがドイツでは通説でありイギリスでも同様の見解が有力学者によって主張せられている。(木村、前掲論文)

アメリカに於ても前記の一九三三年のニューヨーク州の判例は、前述の如く全体の目的と構造とにおいて猥褻性を判定すべきであり、又「この告訴の理由を正当と認める為には、本法廷はこの著述全体の傾向が又その主要な目的が読者に淫らな欲情とそれから不純な想像という聊(いささ)か気紛れな言葉で表現されているものを催させようとする性質のものであることを確認しなければならない」とし、又猥褻文書というのは、その中に描かれている如何なる事件も又その書物が有する如何なる性質も人々に淫らな考えを起こさせるという主要な目的に対して全く補助的な役割を演じているものと解釈さるべきである、と述べ、主として書物自体の性質に関する意見ではあるが、裏面に於て創作の意図目的の重要さを示しているのである。尚又前述の一九三七年の連邦の判例においては「科学上又は医学上の刊行物で性的事項に関するものは猥褻ではない、何となれば之等は人類の福祉を向上させる教育の目的で書かれたものであって色欲的感情を示唆する意志を以て書かれたものではないからである」とし、作者の意図目的が明らかに猥褻文書なりや否やの判定の基準と認められておりその他同趣旨の判例が散見せられることを注意しなければならぬ。

(三) 第三に、文書の客観的性質について述べる。猥褻文書とはその性質として前述したように「徒らに淫蕩な性欲の興奮を呼び起し人をしてみだらな享楽的な性の考え方に導き、健全な性道徳秩序を堕落せしめるような可能性のある文書」でなければならない。内容的に見れば淫らな性欲を呼び起し、性に対する真面目な態度の人は、それが反道徳的な性の不真面目な取扱をしているため性道徳の正しい在り方、考え方を毀損せられたということに対し道徳的不汚の念を生じさせるような性質のものでなければならない。(中略)

これに反したとえ性交の場面が描写せられ性器の名称が記載せられていても、それが性と真剣に取組んだ態度で描かれ且つ性の思想を述べる為に思想と連絡せしめて、而も性の思想をのべるに必要な限度に於て表現の方法としては正常に明るく描写せられ、これを読む正常な人々に淫らな欲情を起させるものでない場合これを我々は猥褻文書というを得ないのである。右に述べた意図と表現との関係及び猥褻文書の表現の特色につき波多野完治証人は明快な証言をされた。同証人が作家の性質、創作意図とその表現との関係を取扱う文章心理学の域に於ける最も優れた学者であることよりして、本件の判断につき同証言が決定的重要さを有するものであることを確信する。(中略)

更にこの文書の性質の判断を何人が為すを妥当とするかにつき前に一九三三年のニューヨーク州判例が文学界教育界の一流の人達の判断に関し「本法廷は或る著述をその作品全体として考えずにその中から猥褻十カ所をみつけ出す為に読むということがありがちな一人の人間よりも、右のような人々によって構成せられた団体の方が文学作品の価値を判断するのに適しているという見解をとる」と述べていることは注目すべきである。

本件起訴検察官は文書の猥褻性を認定する為には意図を問題にする要はなく又文書のもつ性質も亦これを顧慮する要はなく単に表現を問題にするを以て足りると主張するのであるが、右の意図と表現と文書の性質三者の右述の如き密接な関係を洞察しない上っすべりの論であって、これが前述の全体と部分との関係についての非論理乃至刑法第一七五条の法益についての考察の不足と相俟って決定的に誤った結論に導かれているものと信ずる。

本件起訴検察官は法益を感覚的な羞恥感情とする為その羞恥感情を害する判定基準として、単に文書の一部に存する性器又は性行為の露骨詳細な描写を捉えたが、当弁護人の解する如く法益を道徳的高さ迄引上げると、性行為等の描写の露骨詳細さは全然問題とはならず、単に性の取扱の態度のみが問題である。

宮城証人が明らかに証言するように、露骨は性感覚に刺戟を与えるのみであって猥褻性の必要条件にすぎず十分条件ではなく、加之同証人の精神電気反射の実験の示す如く性感覚に対する決定的素因ですらないのである。性についての露骨詳細さは本来文学と呼ばれ得ない、即ち文学的必要、思想発表の限度を超え単に淫らな性的興奮目的のために濫用せられた場合にのみ猥褻の要因として取上げられるにすぎないものである。

右の理論よりして私は刑法第一七五条は正に春画春本類（所謂主たる目的が淫らな考えを起させることにあり性的刺戟が文学的芸術的目的の手段たる程度を超え何ら理想的目標が存在しない場合を含む）の純粋に猥褻な文書に限られるべきであると結論する。

而して春画春本が法によりその公然性を否定されたのはその意図と表現の反社会性の故であり、そこから当然導かれる社会的影響（性の堕落）が法的正義に反すると認められるからである。

斯様にして新しい性に関する考え方をうちたてんとする文学其他の文化活動が自由にのびやかに成長して性の問題に関する健康的な社会的態度を生み出し文化の発展のために資することとなる。

当弁護人の右の考え方は前に引用した一九三三年のニューヨーク州判例に明らかにされたところであるが、同判例は更に賢明にも「この法律は猥褻文書の取締を目的として作られたのであって」云々と述べ、更に「各裁判所はこの法律の適用を常に厳密に猥褻文書のみに限定して来たのであって、これを文学的な価値を有する作品に適用することを拒否するという態度を一貫して取って来たのである」と述べ、「右の方針は控訴院の堅持するところである」と述べておりアメリカに於ても一般的な判例の考え方であると考えられるのであるが、本件について十分考慮せられたい判例と考える。

又更に立法例に於ても例えば一九三一年九月一日施行のイタリヤ刑法典の如きはその第五二八条に於て猥褻文書頒布を禁止し、その第五二九条第二項において「芸術の作品又は科学の作品は之を猥褻と見做（みな）さず」と明定している。当時のイタリヤに於ては既に諸種の観点から右の如き見解が法律にまで高められるほど熟していたことを知ることができるのであって、この点も裁判所の御考慮を賜りたいと思料する。

翻って『チャタレイ夫人の恋人』に関してその意図、表現、性質について右の猥褻文書諸要素を具有するやを検討する。

即ち意図については邦訳『チャタレイ夫人の恋人』上巻巻頭にあげられてある序文に示す如く「誰が何と言ってもこの小説が、今日の人間に必要な、真摯な、健全な作品であることを私は断言する」という真摯な意図を以て「精神と肉体が調和していてその間にある均衡が保たれ精神と肉体が互に相手を尊重するのでなければ人生は生きるに値しない」というロレンスの確かな性の思想を小説の形に於て述べ、性の場に於て新しい人間像を樹立せんとしたものであり、この点については被告人伊藤整はじめ殆んどすべての証人、証拠として提出した本書についての諸著作論文が認める所であり、本書について殆んど生来的に、或いは特殊な意図からしか見えないほど反撥を感じている一、二の証人がこれを否定するのみであり、意図が淫蕩な性欲興奮を惹き起すことにあるということは到底認めることはできない。又その表現については、検察官の指摘する十二カ所自体についても、又その描写の全体に於ける観察についても、被告人伊藤整、前述した波多野証人並に吉田健一証人等が文学者乃至文章心理学者としての専門的見地より、その春本と異り、淫蕩な性欲興奮を起させ読む人に淫らな考え方をさせ、直ちにそれに真以て性行動にかり立てる様な性質のものでなく、性を汚れのなく美しい清潔なものとして描写し、ロレンスの性の思想の表現に必要な限度に描かれていることを強調し、尚波多野証人は特にロレンスが描写の能力にすぐれているにも拘らずその描写を殊更思想の表現に必要な限度に止めていることを述べている。

作品の性質についても、証人として文学者（特に英文学者）心理学者、一般良識人の多くが右猥褻の定義のような読者に淫らな感じを与えるようなものでない旨証言し、多くの著書論文も之を認めている。証人としてこれに反する見解を述べているものも多くは右十二カ所のみを取上げてその性質を論じているにすぎず右に論じた猥褻文書の定義の趣旨から重要ではない。

本書全体の意味は文書の表現、序文乃至はロレンスの意図、思想を綜合して客観的に確定されるべきものであって読む側の受取方によって決定されるべきではない。（中略）

本来性の問題を真面目に取扱った文書であって苟（いやしく）も文学作品と呼ばれうるものは、一般的教養ある、即ち理性的に判断する能力のある人達にとっては、その文書の価値を正当に批判しその一部の性描写の故に性的堕落に陥ることは考え得られないことであるし又ピューリタン的立場に立つ人がそれに反感を覚えても、それは畢竟（ひっきょう）思想の問題であって一般社会の性道徳とは無関係なものである。又一部判断の未熟な青少年の為には所謂教育政策によってこれらの書物を正しく評価するよう指導することが可能であろうし、又青少年に好ましくないという理由丈（だけ）で、ある文書を猥褻であると断ずるのは検察官も認めるように、法律的に至当でない。又進んで我々は本件公判に当ってその詳細をここに引用することは控えるが曾根千代子証人の証言によってむしろ新しい良識は右証人等青少年によって作られつつあるのではないかという希望さえ持たされ、むしろ性を新しい観点から真摯な態度で見ようとする書は積極的に青少年にこそ与うべきでないかと考えるのである。

尚一部の背徳的傾向をもつ人々がこれにより享楽的な淫蕩なものを得ようとする惧れに対しては、当弁護人は前述の一九三三年のニューヨーク州判例の「それが錯乱した或いは病的な精神の対立に如何なる効果を及ぼすかは知る由がないが、若し各裁判所が錯乱した精神の対立に淫らな欲情を起させるかも知れないということを理由にして本の発売を禁止するとしたならば我国の文学は比較的に少数の無味乾燥な何等の内容もない著作に限られることになる、そして古典の大部分が発売禁止になることは確実である」という鮮やかな理論を引用するに止める。大きな価値に眼をつぶり、一部の特殊な不道義漢の保護に専念することは社会共同体としての国家的見地から、即ち公共の福祉の立場から価値的評価において法の採るところではないと確信する。

更に前述の曾根証人の証言により本書が真面目な青少年に如何に素直に受入れられ悪影響どころか新しい性の考え方について真に啓蒙的な指導書となっている事実を知ることが出来るし又詳述することを避けるが本書に挿入され読者より回答を得たアンケートの集計（これは多大の信憑力を有するものと思うが）乃至アンケートに記載せられた読者の赤裸々な感想は本書が如何に多くの（或いは統計のある見方に従えば大部分）の人々によってロレンスの思想が素直に価値あるものとして受け容れられているかを物語るものである。

当弁護人は以上により『チャタレイ夫人の恋人』の社会的影響は毫も性道徳を堕落せしめるものとして猥褻文書の要素たる事実を法律的に充すものでないことを明確に論証し得たのである。

結　論

以上検討したところにより当弁護人は検察官の猥褻文書についての定義が論理的に多くの誤謬を犯すものであり、単に所謂春画春本の類について辛うじて実用的効果あるに止る杜撰（ずさん）なものであり、到底本件『チャタレイ夫人の恋人』の如き高度の思想的文学的価値を有する作品に対して判断の基準たり得ないものであることを明らかにし、更に弁護人に於て論理的猥褻文書の定義を樹立し、然る上『チャタレイ夫人の恋人』が右猥褻文書の要素を充すものか否かを証人その他の証拠により検討して、『チャタレイ夫人の恋人』があらゆる意味で猥褻文書としての要素を備えたものでないことを証明し得たのである。

後に述べる如く猥褻文書の定義にもとづきその要素たる事実そのものは明らかに証拠を以て立証すべき事項に属するのであると判断すべきであるが、検察官は仮令（たとい）自己の定義に従うを正当とするも『チャタレイ夫人の恋人』が猥褻文書たるの証明は全然なし得ていない。唯検察官が一般良識人と称する人々によって若い人々には悪影響があると思われるという憶測（而も謬（あやま）った臆測）を証明し、特殊な思想、宗教の立場にある人々の本書に対する反撥、或いは保守的な新しい文化創造に無理想な人々の伝統乃至無価値な儀礼的慣行の擁護の立場の本書の新思想に対する無意味な反感を証明し得たに過ぎないのである。この点のみからして本件は既に無罪たるべきものと思料されるのである。（中略）

芸術は美に奉仕する文化概念である、美は法における正義、道徳における善と並んで他の何物にも還元すべからざる理念であり、芸術は美の創造という至上の目標をもっている。

而して法は文化創造の手段たるものであって法の庇護の下に各個人は芸術的活動等を営むことにより新たなる文化価値を創造するものである。然しながら法は芸術的価値自体の判断に関与することを得ないのである。右述の如く法的価値により芸術的価値自体に対する判断は本質上その限界を超えるものであるが、右の芸術的価値が芸術作品として公刊等の方法により社会と接触するとき法と芸術は直接的関係を生ずるに至るのである。その具体的現れとして法がその奉仕する正義の理念に照して放任し得ずとし芸術作品を取締るという事態を発生せしめることがある。法的価値と芸術的価値の対立、相剋と言われる現象である。法及び芸術の奉仕する正義の理念が全く異る平面に存するものであることを基礎にして、右の相剋を絶対に救い得ない対立であるとし、本件において争われる刑法第一七五条という猥褻文書の解釈に当っても猥褻なりや否やは専ら法的価値判断の問題なりとし、芸術的価値とは没交渉なりとするものがある。即ち芸術品と雖（いえど）も猥褻であり得るし、猥褻なりとも芸術作品はありうると割切るのである。

本件起訴検察官も亦本件『チャタレイ夫人の恋人』の文学的価値を論ずるものでもなく、況（いわ）んやロレンスの文学者としての価値をあげつらうものでないことを強調するのである。

然しながら法律価値と芸術乃至は文学価値との相剋はしかく深刻にして調和しないのであろうか。

当弁護人は文化の点につき最も民主主義的なフランスにおいては同著作が堂々と刊行せられ、現代思想家として又政治学者として世界的なハロルド・J・ラスキがその著書「近代国家における自由」において、治安妨害及び瀆神を理由として表現の自由を制限することは全て社会の福祉に反するとし、発禁は猥褻又は危険を理由として禁止されるが、しかし法律さえいまだ猥褻の定義に到達したことを聞かないとし、『チャタレイ夫人の恋人』に対するイギリス官憲の禁圧を非難していることを注目に値するものと考えるのである。

更に習俗を法の守るところとし、文学や芸術の新しい思想乃至社会的態度に対して法の名の下に禁圧しようとする態度に対しては、ドイツの偉大な法学者ヨセフ・コーラーが「礼儀正しい夫人が社交界に衣服をつけて出るようにヴィーナスに衣服を纏（まと）わさねばならぬというのであったら、誰がヴィーナスを描いていたであろう」とし、更に「社会生活上の儀礼ということを芸術の中に持ち込むことほど謬ったことはない。生活の上で有益なことは芸術にとっては毒である。それは芸術の生長する礎（もと）いたる生命要素を破壊するから」と言っており、また偉大な音楽家フランツ・シューベルトが「人間相互の誠実さを妨げる有力な障害は都会的作法である。賢者の最大不幸及び愚者の最大幸福は儀礼的慣行の上にその基礎を置く」と述べているのは何れも習俗に対する鋭い批判であり、文化国家の法が習俗に固執するより高い法の理念を持つべきことを暗示するものである。

当弁護人は民主主義的国家における国家権力の行使は、正に国民の何人に対しても害悪を及ぼすと考えられる行為に対するものに向けられ且つそこに止るべきであるという考え方を高調しなければならないように思う。当弁護人は本件がその有罪無罪によって日本国の文化国家としての発展の将来に暗黒と光明の何れかを決定づける事件であることにつき、賢明なる裁判所の充分な御省察を賜り被告人両名に対して無罪の御判決を賜わらんことを切に希望するものである。

【資料2】 戸別訪問禁止違憲判決

公職選挙法の戸別訪問禁止規定の違憲性については、これを合憲とする最高裁判決を含め数多くの判例があるが、環さんのこの判決は、その嚆矢とも言うべきものである。本書にあるように、禁止規定を正面から違憲とするのではなく、「罰条を合憲的に解釈するため付加した要件について立証がないときは、（中略）無罪を言い渡すべきである」とする一種の適用違憲論であり、「上級審を通す」ための工夫の跡が見える。なお、この判決を「勇気がない」と批判した安倍晴彦は、環さんの司法官試補時代の指導官で二回試験の試験官であった安倍恕のご子息である。

【資料2】 昭四二年三月二七日／東京地方裁判所／刑事第二〇部／判決

主　文

被告人は無罪。

理　由

第一、本件公訴事実の要旨は、

被告人は、昭和三八年一一月二一日施行の衆議院議員総選挙に際し、東京都第四区から立候補した松本善明に投票を得しめる目的を以て、同年同月八日、同選挙区の選挙人である

（1）東京都杉並区和泉町三五三番地　鎌田重男
（2）同都同区同町同番地　眼竜美恵子
（3）同都同区同町三二七番地　浜野栄子
（4）同都同区同町同番地　中島美代

（5）同都同区同町三二四番地　大木たき
（6）同都同区同町四四三番地　村越静子
（7）同都同区同町三四四番地　佐々木文子
の各自宅を戸々に訪問し、右候補者のための投票を依頼し、以て戸別訪問をしたものである。
というにある。

第二、無罪の理由

一　公職選挙法第一三八条第一項は、主体の何人であるを問わず、選挙運動として、投票を得しめ又は得しめない目的を以て選挙人を戸々に訪問することを禁じ、同法第二三九条第三号は、同法第一三八条第一項に違反して戸別訪問をなすことを処罰する旨規定している。

右の選挙運動としての戸別訪問は、本来言論による投票依頼をその中核とするものであると考えられるので、これを禁止することは選挙という領域における言論の自由を制約することになるおそれがあるものである、といわなければならないので、戸別訪問の禁止は、これを言論の自由の制限の問題として考える必要がある。

二　我国憲法上言論等表現の自由（以下言論の自由という）が最も重要な基本的人権として保障されていることは、論をまたない。従つて、言論の自由に制限を加えることが可能か可能とすれば如何なる制限が可能か、は特に慎重な考慮を要する。

ところで、言論の自由と雖も、その行使に何等かの制限が存することは、一般に認められるところである。即ち、公共の福祉との関係で、第一説は、憲法第一二条、第一三条を根拠として、言論の自由が公共の福祉により制限されうるとし、第二説は、言論の自由は絶対無制限であつて、憲法第一二条、第一三条を根拠として公共の福祉によつて制限しうる、とすることもできない（この説においては、憲法第一二条、第一三条は、基本的人権の行使について国及び国民がとるべき態度及び基本的人権の行使についての指導的観念としての公共の福祉についての教訓的規定であると解する）としながらも、尚言論の自由の濫用は認められない（内在的制約）、或は言論の自由の行使が他の基本的人権を侵害する場合には、その両者の間の調整を要する結果、言論の自由が制約せられることがありうる、とするのである。而して、右の両説を対比すると、一見、言論の自由が制限されうる範囲に差異が生ずるようにも解せられるが、第一説においても、すべて公共の福祉による制限は必要最少限度に止めるべきものであるとしており、当裁判所は、近代民主主義憲法たる我国憲法においては、国家は各個人の基本的人権の尊重とその保障をその存在理由とするものと解すべきであり、そうである以上、公共の福祉の観念は、個人の利益に優先する、或は対立する国家の利益と解すべきではなく、各個人が享有すべき基本的人権の調和ある総合とでも解するのが正当であると考えるので、公共の福祉を右のように解する限り、右第一説の説くところも、畢竟第二説の説くところと実質的に異るものとはならないといいうる。（尚第二説にいう自由の濫用を禁ずる法理又は調整の原理を指して公共の福祉と呼ぶこともある。）右の考察に照らし、公共の福祉という多義的な概念にとらわれず実質的に考えると、憲法の精神に照らし、憲法がその自由を保護すべき言論と呼ぶに値しないような言論の行使については、憲法上の言論の自由の保障とかかわりなくこれを制限しうることは勿論であるが、いやしくも言論と呼びうるものである限りは、その行使により、他の基本的人権に対し、その行使の制限により生ずべき害悪に比し重大な害悪を与えるような場合に限つてこれを制限しうる、と要約することができる。

更に、言論の自由を事前に制限し、その違反行為に対し処罰しうるとするためには、言論の自由の重要性に鑑み、これを不当に制約させないため、最少限度、言論の自由な行使により右のような重大な害悪が不可避的に生ずるという緊急の切迫した危険があり、それを制限すること以外の方法でその発生を防止しえない場合であること（以下明白にして現在の危険という）を要するものと当裁判所は考える。言論の自由を制限すべき政策的合理性とか、言論のもつ危険性とかの存在のみでは右制限の根拠たりえない。

然らば、言論の自由を制限する規定であつて、その言論が一般的に右のような要件を充たさないようなものは違憲の立法というべく、そうはいいえないときでも、構成要件として右の要件が前提として含まれていると解した上適用される場合初めて合憲的である、といわなければならない。

三　選挙制度は、国民の参政権行使の手続を決定する重要な制度として民主政治の根幹をなすものであるが、言論の自由は、この領域においても、選挙運動の自由等選挙における諸原則を形成する。選挙運動は、本来言論を中核とするものというべきであり、原則として自由であるべきものである。然し、選挙における言論の自由も、前記の言論の自由の制限の法理に従い、法の前の平等及び言論の自由に基き憲法上保障されるべき選挙権、被選挙権の資格の平等やその行使の自由を侵害することによつて選挙の目的達成のため必要な選挙の自由と公正に重大な侵害を及ぼす明白にして現在の危険がある場合には、最少限度必要な範囲において制限されることがあるものといわねばならない。而して、我国実定法上、選挙における言論の自由が制限され、その違反が選挙犯罪とされる態様として、当該選挙運動自体が実質的に違法性、反社会性を有するもの（例えば買収罪）と選挙の公正を期する目的のための取締規定に違反するものとして選挙犯罪とされるものとが存するが、前者の場合（実質犯）においては、前記の基準に照らし違憲の問題を生ずる余地はないが、後者（形式犯）については問題が多い、と考えられる。

四　そこで、以上の考察に基き、前記の戸別訪問罪の規定が果して合憲であるか乃至は合憲的に適用されるために如何なる要件が必要であるか、について検討する。

戸別訪問は、前述のように、言論を中核とする選挙運動であつて、原則として自由であるべきものである。而も選挙が公正健全に行われるためには、選挙人において、候補者の政見、人格識見、経歴、手腕等につき、又その所属する政党等の政策を正確に把握した上での判断に基き選挙権を行使することが第一に必要とせられるところ、戸別訪問は、その本来のあり方においては、選挙人に対し正に右の知識、判断の資料を直接提供し、その共感を得て候補者に対し投票を得させる等の効果を企図するものであるから、前記の公正健全な選挙を行う目的に役立つ最も有用な手段であるというべきであり、そのこと自体選挙の公正と自由を害し違法な性格を有するものであるとはいいえない。

然るに、戸別訪問罪の規定が設けられている合理的理由は、通常説かれるように、戸別訪問にあたつて、その本来のあり方を逸脱し、選挙人に対する買収、威迫、利害誘導等選挙の自由と公正を害すべき実質的違法行為が行われる虞れがあり、又徒らに戸別訪問がなされるようになると、候補者自身煩に堪えないと共に、選挙人の個人の安静を害される虞れがあるので、これ等の弊害を防止しようとする点にある（法定外文書図画頒布罪も言論の自由の制限になるが、その行為自体所謂金権候補を不当に利することになり、選挙における平等を侵害する虞れがあるので、この弊を排除しようとする法意であると考えられるが、戸別訪問罪の規定についてはこのような法益は考える余地が殆んど存しない）と考えるほかない。（この意味で戸別訪問罪は正にいわゆる形式犯に属するものというべきである。）

ところで、戸別訪問が右のような弊害を伴う虞れが（その程度如何はともかくとして）存することは否めないが、そのような法益の侵害が前記のような言論の自由の制限の要件となりうるかについて考えてみる。戸別訪問に際しての買収、威迫、利害誘導等（これらは戸別訪問による直接の人権侵害とはいえないにしても、両者の間には因果関係は存するといわねばならない）は、もはや言論の自由の名に値しないもの或は言論の自由の濫用というべきものであるか、少くとも選挙人の基本的人権である投票の自由等選挙権行使の自由を侵害し、その結果選挙の自由と公正を著しく害するものであることが明らかであり、言論の自由の制限の要件たりうる害悪を生ずるものといわねばならないが、他の法益侵害、即ち、候補者自身が煩らわしさに堪えないという点や選挙人の個人の平静を害するという点については、後者については若干選挙人の人権を侵害することはありえても、なお言論の自由の制限により発生する害悪と比較し、これより重大な害悪を発生させるものとはいいえず、いずれも言論の自由を制限する要件とはなりえないものと解する。

次に、戸別訪問において右のような重大な害悪を発生させるべき明白にして現在の危険があるといいうるか、について考えると、我国の現下の国民の政治意識の低さが右のような戸別訪問における重大な害悪を生ずる虞れを大にしていると説かれることが多いが、現下の我国において、戸別訪問の結果不可避的に右のような重大な害悪を生じているということは勿論、多くの場合に右のような害悪が生じているということすら、経験則上明らかであるということは到底いいえない。

従つて、戸別訪問罪の規定は、それがあらゆる戸別訪問を禁止するものと解する限り違憲の疑いが濃い。個々の戸別訪問につき、その戸別訪問の際の主観的、客観的諸事情を個別に観察して、その戸別訪問により前記のような重大な害悪を発生せしめる明白にして現在の危険があると認めうるときに限り、初めて合憲的に適用しうるに過ぎない、と解すべきである。

五　そこで、叙上の法理に照らし、本件の戸別訪問につき合憲的に前記法条を適用しうるかについて考察する。

（中略）

右被訪問者若しくはその家人は被告人の近隣に居住し、被告人の顔見知りで、その多くは被告人がかつて署名運動等のため訪問したことのある者であり、訪問の時刻は午前一一時頃から午後一時頃までの間、訪問時間は一、二分から三〇分位までであり、被告人は被訪問者方の玄関、縁側で被訪問者と面接していることが認められる。

次に、被告人の本件各訪問の目的について考えると、〈証拠〉を総合すると、被告人は、核戦争の危険から婦人と子どもの生命をまもる等五項目を目的とする全国的婦人組織である「新日本婦人の会」（昭和三七年一〇月結成）の地域組織として昭和三八年三月一六日設立された同会の杉並区代田橋さつき班に設立当初から所属していたものであるが、従前から抱いていた平和を守るという信念に基き、右班設立当時から右会の重点的運動として展開されていた米原子力潜水艦の日本寄港反対運動に積極的に参加し、右会の決定した右運動の主要な方法である戸別訪問による署名運動に従事していたものであるところ、本件訪問の前日右班における打合せに従い、右署名運動をなす目的を以て本件各訪問をなすに至つたが、その訪問にあたつて、当時すでに選挙戦の始つていた衆議院議員総選挙の候補者中右会の目的、方針に合致する政策を有する候補者個人の当選のため努力する旨の当時の右会の方針に従い、被告人が右趣旨に沿い、且米原子力潜水艦日本寄港反対の主張を掲げ、前記運動を成功させるためその当選が有効であると考えていた松本善明候補者に対する投票の勧誘をも併せ行おうと考え、本件各訪問を実質的に関連する右二つの目的を併せもつてなしたことを認めることができる。

更に、本件各訪問時における被告人と被訪問者との応答について考えてみると、前掲各証拠により、特に被告人との応答を避けた鎌田重男の場合を除き、他はすべて、繁簡の差はあるが、被告人は、まず米原子力潜水艦日本寄港反対の趣旨の説明をして署名を求めたのち、選挙の点に触れ、且応答の時間は概ね前者が長く、後者が短いことが認められる。

本件訪問についての右被告人と被訪問者との関係、訪問の時と所（比較的公衆の目に触れ易い状況で行われたと認められる)、訪問の目的及び訪問時の被告人と被訪問者との応答の態様を総合すると、被告人の本件訪問により買収等前記のような実質的害悪を発生させるような明白にして現在の危険が存したことは、到底これを認めえず、且その他被告人が本件各訪問前前記のような違法な方法による投票勧誘を企図したこと乃至は訪問時右のような方法を用い又は用いんとしたことを窺わせるに足りる証拠は皆無である。

六　然らば、被告人のなした本件各訪問は、これに対し前記罰条を適用することを合憲ならしめる要件を欠くものであり、犯罪の証明がないことに帰するから、刑事訴訟法第三三六条に則り被告人に対し無罪の言渡をすべきものである。

よつて主文のとおり判決する。(裁判官　環直弥)

【資料3】第一回全国裁判官懇話会の案内及び同会での横浜地裁の報告

全国裁判官懇話会の第一回集会は、昭和四六年一〇月二日に東京の都市センターで開催された。第一回は「裁判官懇話会」（仮称）として環さんを含む東京近郊の裁判官が世話人となり、第二回は「近畿裁判官懇話会」として大阪近郊の裁判官が世話人となり、第三回以降は「全国裁判官懇話会」となった。環さんは、昭和六一（一九八六）年の退官まで世話人を務めた。

第一回は、全国各地から二〇〇名を超える裁判官が集まり、我妻栄東京大学名誉教授と横田正俊元最高裁長官の講演に引き続いて、裁判官たちによる意見交換が行われた。そのテーマは、昭和四六年四月、熊本地裁の宮本康昭判事補が、判事補一〇年を経て判事に任官するにあたって再任名簿に登載されなかったという、いわゆる再任拒否事件を素材として、司法の独立と裁判官の身分保障のあり方を話し合うということであった。この意見交換の冒頭、環さんは、横浜地家裁で行われた懇談会・研究会を踏まえて意見を述べた。

【資料3】判例時報六四五号（一九七一年）三〜二一頁より抜粋

司法の独立問題をめぐって〜裁判官懇話会における講演と意見交換〜

昭和四六年一〇月二日、日本都市センターを会場にして、「裁判官懇話会」（仮称）が催された。ようやく深まりゆく秋の日の夕暮近くから、全国各地より任意に集まった老若多数の現職裁判官による画期的な会合であった模様である。

昨年来、とくに今年の三、四月頃は、連日のように司法の問題が新聞や雑誌の紙上をにぎわしていたが、このところ一般の人々には、少し忘れられかけていたのではないかとさえ感じられていた。それかあらぬか、翌日の一〇月三日（日曜日）の主要新聞の朝刊は一せいに、「司法危機に裁判官集会——身分保障へ不安の声、全国から二百八人集る」、「悩む裁判官像浮彫り——司法の独立、二百人が懇親会」、「裁判官二百人集会——再任問題など討論活発」などという大きな見出しで報道をしている。そのうちのある新聞の記事は、次のように書き出している。

司法の独立や裁判官の身分保障問題などを話合う現職裁判官の集いが、二日（土曜）、東京都千代田区の日本都市センターホールで開かれた。この春の最高裁による裁判官再任拒否以来、裁判官の間にも司法独立への危機感が高まっているといわれるだけに、全国の裁判所から二百八人の判事、判事補らが参加、我妻栄東大名誉教授、横田正俊前最高裁長官の講演をきいたあと、意見を交換した。

全国の裁判官の一割にも近い裁判官がこうした問題で集まるのは、わが国の裁判史上例のないこと。日ごろ〝裁く〟立場にある人たちなので、集いはアカデミックな空気に包まれたが、十四期裁判官の再任期を半年後にひかえ「来年も再任拒否者が出るのでは」と早くもうわさがとんでいるだけに、静かなやりとりの中にも裁判官の身分保障についての不安、最高裁の司法行政への疑惑などを訴える声が多く、最高裁が投げかけた再任拒否問題の波紋の大きさをあらためて浮彫りにした。（朝日新聞）

この集会は、本年春頃以来、「司法の独立」問題などを中心に懇談的に話し合いを続けてきた東京近郊の判事十数名のうち、次の六名が世話人となって開催されたとのことである。

東京家裁判事　森田宗一
東京地裁判事　中田早苗
横浜地裁判事　環　直弥
東京地裁判事　小野慶二
浦和地裁判事　石橋浩二
東京高裁判事　中平健吉

＊　＊　＊

そして、「昨年来、司法の独立に対する関心が高まっておりますが、このときにあたり私たちは、司法のありかたなどについてひろく意見を交換して考えを深める必要があることを痛感いたします。」という趣旨の呼びかけに応じて集まった現職裁判官の数は、二百十数名にのぼり、その内訳（確認された者）は、高裁判事六人、地・家裁判事五十六人、同判事補百三十五人、簡裁判事十二人。参加者は、北海道地域以外の全国各高等裁判所管内にわたっており、主催者側も予期しなかったほどの盛会であったという。まして世話人からは、東京・名古屋・大阪など参会可能な各地に伝えたにとどまったというのに、これを伝え聞いて遠隔の地からも参会したという。

以下は、当日の会合の際の世話人代表のあいさつ、横田、我妻両講師の講演要旨に加え、非公開の裡に行なわれた意見交換ならびに懇談の概括的な内容および感想を世話人代表の森田判事にまとめていただいたものである。（編集部）

（中略）

意見交換と感想

横田、我妻両先生の講演（ならびに質疑応答）が終ると、ひきつづいて、小野慶二東京地裁判事の司会により、参会者の意見交換と討論が行われた。会場は講演の時からの緊張した静粛・真摯な、加うるに熱誠隘るる雰囲気であった。この会合は、どこまでも自由に発言し、遠慮なく意見が述べられる場であるためにも、ここでの発言内容は、発言者の名前がはっきりわかる様な仕方では公表しないという前提のもとに意見交換が行われた。それ故に、本稿においても氏名をあげて詳細な報告をするわけにはいかない。世話人の一人でもある環判事（横浜地裁）の報告と意見以外は、誰がどういう意見をのべたという記述をさけ、できるだけ忠実にと思いながらもその概要にとどめさせていただいた。

まず、司会の小野判事は、世話人の一人としての立場もこめて、参会者の発言にさきだって、次のように述べた。

「皆さまがお忙しいところ、このように多数お集まりくださったことは、それ自体、司法の独立に対する関心を示すものとして、喜びにたえない。とくに遠い地方からそれぞれ自己の負担で、これだけ多数お集まりになったということは、前古未曽有のことだと思う。

本年四月、宮本裁判官が再任を拒否されて、われわれが非常に大きな衝撃を受けたことは、記憶に新たなところであるが、これは、決して宮本さん自身だけの問題ではなく、われわれ自身の問題である。また、われわれ一人一人が、安んじて良心に従った裁判ができるかどうかという問題であり、同時に、またこれは裁判所全体の問題である、司法権の独立にかかわる問題であるということを、私たちは肌で感じたのである。こういう事態に直面して、われわれは一体再任制度の本質は何であるのか、それはどのように運用さるべきものであるか、裁判官の身分保障とどういう関係に立つものであるかということを、改めて探究しなければならなくなった。こういう問題について各地で裁判官同士が話し合い、この問題を検討し、探求しておられるということを伺っている。そういう各地の実情も多く伺いたいが、時間がないのでその代表的なものとして、まず横浜と大阪からご報告を願いたい。」

横浜地方裁判所の報告

そこで横浜地裁の環直弥判事が、次のような報告と意見陳述を行った。

「横浜地方裁判所および家庭裁判所においては、宮本裁判官の再任拒否の事実を契機にして、全裁判官を対象として四月の下旬から七月まで三回にわたる懇談会、有志裁判官による具体的なこまかい点についての研究会を、五月から九月まで七回ほど持って、いろんな問題を研究した。

懇談会および研究会における主題は、再任問題についての実体上の問題および手続上の問題であったが、出席者多数から、次の四つの点にしぼられる意見が述べられたと思う。

第一、裁判官の任期制は、最高裁判所裁判官の国民審査に対応するものと考えられるのであって、不適格者を排除するに過ぎない制度であるということをまず確認した上で、再任は原則であるということ、再任しないのはごく例外的な場合に限られるのであって、その基準はごく厳格にしぼられるべきであるということ。

第二、再任拒否の場合には、その手続は適正なものでなければならず、再任拒否の基準の明確化、再任拒否の事前通知、再任拒否理由の本人に対する告知、事前弁明の機会を付与すること、さらに再審査の方法、手続を設けることが必要であるということ。

第三、再任拒否の場合の当事者からの申し立てによる司法的救済が、十分法的に可能であるということ。

第四、下級裁判所の裁判官は、司法行政のにない手として、この問題の適正な運用に関して、積極的に参加することが可能であるし、また参加すべきであるということ。

以上は、私も全面的に賛成するところであるが、この懇談会および研究会を通じて感じたことを二、三申しのべると、第一に、再任問題の中で特に重要なのは、再任・不再任の手続の適正であるということが強調されたと思う。これは、司法行政の運営のあり方と密接に関連すると思われる。それから、「再任拒否の基準の明確化」という点についても、やはり団体加入の是非の問題が中心であろうということで、相当な論議がかわされたが、この点につき、私は大体、精神界における自然淘汰説というものを昔から信奉するものである。世の中の進歩のためには、できる限りたくさんの思想が乱立することが望ましい。それが文化の発達に寄与するものである。何が正しいものか、何が間違っているものかということを性急に判断することはすべての誤りのもとである。問題になっている団体加入という事柄を考えるにあたっても、この精神界の進歩というものの原則を無視して考えることは許されないと思う。私はそういう立場に立って、この問題について、簡単に裁判官の団体加入が非であるときめつけることは不当である旨研究会でも発言したが、賛成の意見も多かったように思っている。

次に、身分保障なくしては、裁判の独立はないということである。この点については、私事ながら、太平洋戦争のさなかに大学を卒業して、司法部に奉職し、その直前に、海軍法務官の受験の際、こんな経験がある。その際試験官の将校に質問されたのである。〝司法部では裁判官の身分保障というものが、裁判の独立と関連して非常に重要であるとされておるけれども、君はそれについてどう思うか〟。私は即座に、〝最も大切な問題であって、身分保障なくして裁判の独立はないといっても差しつかえない〟と答えた。その試験官（少将）、はなはだ不満なような顔で、〝しかしわれわれ幹部が君たちの身分保障については十分考える。決して不利な扱いはしない、ということを約束してもだめか〟という質問であった。そこで、〝絶対にだめである〟と答えた。それかあらぬか、私は不採用になった。さらに、現在よく年輩の裁判官の間で、このごろの若い者は司法行政に異常な興味を持ちすぎるとして、暗に現在の若い裁判官を非難する人がある。司法行政に関心を持つのは邪道かという問題である。

以上のような考えは、現在の最高裁判所の司法行政に対する姿勢と似通うところがあるように思う。人まかせでうまくいくなら、これほどけっこうなことはない。しかしそれは、司法行政の執行者が、自分の分を守って、適正な運用をされる限りにおいてである。現実にそのような形で運営がなされておるといえるのであろうか。

司法行政の現実の前に立つと、いまいったような海軍法務官の話、あるいは司法行政に関心を持つのは邪道であるというようなことをいわれる裁判官の考えには、司法行政が裁判に対していかに重要な影響を与えるか、ということについての省察に欠けるところがあるといわざるを得ない。このような考え方は、司法権の独立を危くする大きなもととなると思う。われわれは司法行政について十分な関心を持つべきであり、この関心を理由あるものとするために、司法行政のにない手というものは一体だれかについて考える必要がある。

現在の憲法下において、司法行政について裁判所の自立権が認められていることは、異論がない。これまで司法行政の自立という問題が説かれる場合には、大体行政権に対する司法権の自立が考えられているが、しかしいまやその問題と並行して、司法内部の、司法行政の自立というものの意味を考えなければならない時期だと思う。

一般の下級裁判所の裁判官と独立した司法行政権が最高裁判所の裁判官会議に専属するという考え方がはたして理論的に正しいのかどうか、非常に疑問があると思う。司法行政権は、裁判事務に対するサービス的機能を営むに過ぎないものであり、裁判の侍女である。主人公は裁判を行なう裁判官である。一般行政作用について、国民がその主体であり、行政権を扱うものは、行政を行う権利を持っておるけれども、あくまで国民の侍女である。公僕である、というのと、事柄は同じだと思う。主人公である裁判官が、みずからサービスする司法行政の大綱を決して、その仕事をある一部の事務官僚にやらせるということが、この司法行政自立の原則の本質でなければならない。司法行政が裁判の独立、司法の独立に影響を及ぼすこと大であるということを思ったならば、裁判所の司法行政については、裁判官みずからがその主体となるものであるという考え方をとる必要がさらに重要になると思う。そういう考え方からすると、司法行政の運営が一体いかにあるべきかという問題については、二つのことが考えられる。

まず第一に、司法行政の運営の姿勢として、従来のような上意下達でなく、下意上達の方法をとることが最も大切であるということである。最近のいろいろの司法行政の協議会や研究会のようなものの催され方、その出席者の人選方法などは、まさに下意上達を目標としたものでなくて、上意下達を目標としているように思われる。

第二に、そういう適正な司法行政の運営に対して、われわれとして具体的に何ができるかということ。その一つとしては、裁判官会議の活用である。下級裁判所の裁判官会議は、当該の裁判所の固有の司法行政事務のためにあるとともに、司法の独立にいやしくも関係のあるような重要な問題、あるいはそれに対する方策の大綱については、最高裁判所裁判官会議と重畳的にその事項を管轄する、重畳的に関与すべき権限と責任を有すると考えるのである。然るに最高裁は、宮本裁判官の再任拒否問題について、また、それと関連して、各庁から出された諸般の要望書、あるいは意見書を、単に第三者的意見と見るというふうに軽く取り扱われておると聞いている。この考え方は、まことに基本の理念に反するものである。このような態度に対しては、さきに述べたような基本原則を徹底させ、下級裁判所裁判官も主人公としてその意向を反映すべきであると思う。これは、裁判官会議についてだが、個人的な上申についても、当然それと同じことがいえると思う。」

（後略）

【資料4】 貝塚事件

この事件は、五名共犯の強姦、殺人等の事件につき、一審で有罪とされた四名からの控訴事件である（うち一名は控訴せずに確定して服役している）。本判決は、被告人ら四名及び既に服役中の共犯者の各自白の任意性に疑いがあり、かつその信用性も否定し、原判決を破棄して四名に無罪を言い渡した。自白の信用性はともかく、自白の任意性を否定した事例は多くない。任意性についての取調官と被告人の言い分が水掛け論となったとき、被告人の言い分を否定する事例が多い中での注目すべき判断であった。判決理由は詳細を極め、上告なく確定している。

【資料4】 判例時報一一八九号（一九八六年）一三四〜一六〇頁より抜粋

刑事

五名共犯による強姦、殺人等につき、被告人ら四名及び既に服役中の共犯者の各自白の任意性に疑いがあり、その自白の信用性を否定して、無罪を言い渡した事例

強姦、殺人、窃盗各被告事件、大阪高裁昭五八（う）六〇五号、昭61・1・30刑一部判決、破棄自判（確定）一審大阪地裁堺支部昭五四（わ）四六号、昭57・12・23判決

本件は、被告人四名及び既に服役した共犯者一名（以下「被告人ら」という。）が共謀のうえ、昭和五四年一月二一日午後一一時頃大阪府貝塚市内の路上において、通行中の被害者を姦淫しようと企て、その腕を摑みあるいはカッターナイフで脅すなどして付近の野菜ハウス内に連行し、その場で押し倒すなどの暴行を加えて、同女を姦淫し

た後、既に服役中の共犯者と被害者とが顔見知りであったことから、犯行の発覚をおそれ、同女の殺害を決意し、その頸部を扼圧して、窒息死させて殺害し、その後、被告人らの一名が被害者のショルダーバックから現金在中の財布を窃取したという強姦、殺人、窃盗の事件につき、一審の有罪判決を破棄して無罪判決を言い渡した事案である。

各被告人及び弁護人は、原審第一回公判以来一貫して犯行を否認し、被告人らの捜査段階での各供述調書における自白は、捜査官による暴行、脅迫によるもので、任意性、信用性がなく、それぞれ被告人らはアリバイがある旨主張していたが、原判決は、被告人らの各供述調書及び供述書の任意性及び信用性を認め、そのアリバイの成立を否定して有罪判決を言い渡したため、これに対し、被告人ら四名（外一名の共犯者は確定）が控訴していたところ、本判決は、被告人らが犯人であることを認める物的証拠がなく、被告人らの各供述調書における自白及び共犯者の自白に関する第三者証言は、任意性及び信用性がなく、またアリバイ主張を否定するに足る証拠もないとして、疑わしきは被告人の利益との鉄則に従い無罪判決を言い渡したものである。

本判決は、被告人らの司法警察員に対する各供述調書中の自白について、その暴行を受けた事実に関する供述が具体的詳細で迫真性があること、取調警察官の証人尋問において、被告人らから具体的状況を前提とした暴行の事実につき迫真力のある質問がなされたにもかかわらず、警察官が単にその事実を否定するにとどまっていること、被告人らが自白するに至った経緯について取調警察官が納得できる説明ができないことなどに照らすと、被告人らの警察官から暴行を受けた旨の供述は一概に虚偽であるとして排斥できず、その任意性については疑いがあり証拠能力を否定すべきであるとしている。

更に、本判決は、慎重を期すとして各自白の信用性についても検討を加え、最初に警察署へ出頭した共犯者の供述には秘密の暴露に当るものがないこと、被告人らの供述には看過できない変遷・変転が多いこと、被告人ら相互間に看過できない供述のくい違いが数多くあること、供述自体に不自然、不合理な点があることなどから、被告人らの自白の信用性についても疑いが残るとしている。

被告人らと犯行を結びつける証拠として物的証拠が殆どなく、もっぱら被告人らの自白によらざるを得ないような事案については、被告人らの自白の任意性、信用性をどのように判断するかが最も問題となるところ、本判決は、これを肯認した原判決に対し、逐一詳細な検討を加えてこれを否定したものであり（同種の問題に関する近時裁判例として東京地判昭５８・３・２４本誌一〇九八・三（日石、土田邸事件・分離公判組判決）、同地判昭５８・５・１９本誌同号・二一一（日石、土田邸事件・統一公判組判決）がある）、ことに、共犯者のうち一名が控訴せず有罪のまま確定している点についても判断しているところなども併せて参考となろう。

《参照条文》刑訴法三三六条・三一九条

Ｉ

【主文】　原判決中、被告人らに関する各部分を破棄する。
被告人らは、いずれも無罪。

【理由】（注）以下理由中の判文については、次の用語例による。

一　《被告人名用語例略》

二　Ｚを含め右五名を被告人らと称し、Ｚを除く右四名を被告人ら四名と称する。

三　年を表示せず月日のみを表示したものは、昭和五四年の月日である。

四　証拠関係の表示を次のようにする。

１　書証作成者の司法警察員を（員）、検察官を（検）、司法警察員に対する供述調書を員面、検察官に対する供述調書を検面とそれぞれ表示し（なお、右（員）及び員面の次の括弧書は当該司法警察員の氏名を示すものである。）、書証の作成日付につき「昭和五四年一月二二日付」を「５４・１・２２」というように表示する。

２　被告人らの原審及び当審各公判廷における供述（ただし、Ｚについては、原審公判廷においては被告人として、当審公判廷においては証人として各供述をしたもの）は、その区別をせず、単に公判廷における供述として表示することがある。

Ｖに関する控訴の趣意は、弁護人平栗勲作成の控訴趣意書（同弁護人は、右控訴の趣意は、原判示第三の窃盗についても事実誤認を主張するものである旨釈明した。）及び同補充書、Ｗに関する控訴の趣意は、同被告人及び弁護人黒田宏二作成の各控訴趣意書、Ｘに関する控訴の趣意は、同被告人及び弁護人山本浩三作成の各控訴趣意書、Ｙに関する控訴の趣意は、同被告人作成の控訴趣意を記載した書面及び弁護人大川一夫作成の控訴趣意書にそれぞれ記載されたとおりであり、これらに対する答弁は、大阪高等検察庁検察官検事大谷晴次作成の答弁書に記載されたとおりであるから、これらを引用するが、㈠V、X及びYの各弁護人の各論旨は、Vについては原判示の全事実、X及びYについては原判示第一及び第二につき、いずれも、⑴被告人らの捜査官に対する各自白調書は、いずれも任意性がなく、証拠能力がないものであるから、これらを事実認定の資料とした原判決には判決に影響を及ぼすことが明らかな訴訟手続の法令違反があり、⑵被告人らが原判示第一及び第二、Vが第三の各犯行を犯した事実はないのに、これらを積極に認定した原判決には判決に影響を及ぼすことが明らかな事実誤認があるというものであり、㈡W、X及びYの各論旨は、いずれも右㈠と同旨であると解せられ、㈢Wの弁護人の論旨は、原判決の量刑は不当であるというものである。

そこで、まず、右各論旨のうち㈠の⑴及び⑵並びに㈡につき、記録及び原審証拠を精査し、当審における事実取調の結果をも併せ考察することとする。

第一　事案の概要

一　本件公訴事実について

被告人らに対する本件公訴事実の要旨は、

「第一　V、W、X、Y及びZは共謀のうえ、

一　昭和五四年一月二一日午後一一時三〇分ころ、貝塚市沢六二七番地先路上において通行中のA子（当二七年）を認めるや、強いて同女を姦淫しようと企て、Vらにおいて、やにわに同女の腕を摑み脇腹にカッターナイフを突きつけて道路脇の畑に連れ込み、パンタロン、パンティ等を剥ぎ取ったうえ、同市沢六二八番地の四の高松靖治所有の野菜ハウス内に連行してその場に仰向けに押し倒し、その手足を押えつけるなどしてその反抗を抑圧し、V、Y、X、W、Zの順に強いて同女を姦淫し、

二　右犯行直後、Zが右A子と顔見知りであったところから、右犯行の発覚をおそれ、罪跡を湮滅するため同女を殺害してしまおうと決意し、起き上った同女を再びその場に仰向けに押し倒し、W、Xらにおいて手足等を押え、V、Y及びZにおいて腹部に馬乗りになるなどして両手指で頸部を扼圧し、よって、同女をして、即時、その場で窒息死

させて殺害し、

第二　Vは、右犯行直後、右野菜ハウス内において右A子が所持していたショルダーバック内から同女所有にかかる現金約九、五〇〇円在中の財布を窃取したものである。」

というものである（以下単に本件犯行というのは右公訴事実である。）

二　本件犯行現場の状況などについて

関係各証拠によれば、次の各事実が認められる。

1　農業の高松靖治は、一月二二日午後零時一〇分ころ、前記公訴事実記載の野菜ハウス（以下本件ビニールハウスという。）内に女性（被害者）の死体を発見し、直ちに近くの自宅に帰り一一〇番に電話して右事件を通報した。そして、同日午後一時三〇分から司法警察員らによる実況見分が実施された。

2　本件ビニールハウスは、私鉄南海電鉄本線二色の浜駅（以下の駅名はいずれも同本線のそれをいう。）から北に目測約一五〇メートルの同線軌道敷の東側沿いに所在する。その東側はねぎ畑及び高菜畑であり、これを挟んで約二〇数メートル隔てた東側に南北に通じる市道があり、右市道は南方一〇〇メートル余りで東西に通じる二色の浜駅前筋の府道と交差している。

3　本件ビニールハウスは、東側壁三八・七メートル、南側壁二四・七メートル、西側壁二四・五メートル、北側壁一七メートルの梯型のもので、高さ約二メートルの丸太を柱にして周囲（側壁）と屋根とに透明のビニールが張り巡らされており、出入口は南側に二個所、北側に一個所あり、いずれも木枠にビニールが張り付けられた一枚戸が取り付けられ、これらは外側から横木を一本渡し閂にして戸締りできるようになっている。一月二二日の実況見分当時、本件ビニールハウス東側壁のビニールに地上から約五〇—四五センチメートルの高さを底に横六〇センチメートル、縦一二—二二センチメートルの破損が、またその北側壁のビニールにも地上から約四〇センチメートルの高さを底に横六三センチメートル、縦最大二五センチメートルの破損が各一個あり、いずれも人一人が出入りできる状態になっていた。そして、本件ビニールハウスは、春菊畑で南北に長く二〇畝とされ、一畝には三列に春菊が植えられており、背丈約八センチメートルに生長していた。

4　右実況見分当時、被害者の死体は、本件ビニールハウス内の東南寄りの春菊畑上に仰向けになり、畝上に腰部を乗せ、頭は溝に落とし、両袖に腕を通した赤色オーバーを体下に敷き、両乳房と陰部を露出して、ほとんど全裸に近い姿で左腕を頭上に伸ばし、右腕を右側方に伸ばし、左足はやや膝頭を折り曲げ、右足は股を開く形で膝頭を張って倒れていた。その顔面は、土をかぶったようになっており、目、鼻、口に土が詰まり、首筋や左右大腿部、陰部の上面にも多量の土が付着していたが、現場においては外見上外傷らしいものは認められなかった。死体の周囲の畑約二メートル四方が荒された状態であり、それも単に踏み荒しただけでなく土をすくいあるいは掘り起したと見られる状況であった。死体の下半身に着衣がなく、上半身に袖を両腕に通した赤色オーバー、カーデガン、カッターシャツ、ブラジャー各一枚を着しており、カッターシャツの釦三個がとれ、ブウジャーは前方の縫目が裂けてちぎれていた。

5　被害者の死体を解剖した結果、死体の前頸部に長さ三・〇センチメートル及び四・五センチメートルの線状の皮下出血があり、その周辺に砂粒大皮下出血が散在し、これらは指又は手などによる扼痕であって、被害者の死因は、頸部扼圧による窒息死であり扼殺であると認められ、死後経過時間は、解剖終了時の一月二二日午後七時四〇分において大約二〇ないし二五時間くらいと推定された。また、被害者の膣内に精虫を証明し、死に近く姦淫されたものと認められた。

6　前記実況見分当時、本件ビニールハウスの東側の高菜畑の市道脇に被害者の所持品であると思われるショッピング用紙袋、赤色布製手提バック、ビニール手提袋各一個がかためて置かれており、また右高菜畑内に被害者の下着と思われるパンタロン、パンティストッキング、パンティ各一枚、皮靴一足が一かたまりとなって遺留されていた。なお、一月二二日午前八時三〇分ころ、通行人が右高菜畑と東側市道との間の側溝から被害者の所持品と思われる茶色皮製ショルダーバック一個を拾得していた。

7　被害者は、A子（当時二七歳）であり、同女は、一月二一日、実家である兵庫県伊丹市《番地略》B方から当時居住していた大阪府貝塚市《番地略》に帰る途中、本件犯行現場付近を通り掛かったものとみられる。なお、同女は、同日午後九時ころ、右B方を出発しており、伊丹市バス、阪急電鉄、地下鉄（御堂筋線）、南海電鉄を乗り継いだものと思われ、その場合、二色の浜駅に到着することができるのは、最も早くて午後一〇時三五分であり、被害者は右時刻以後に同駅に到着したとみられる。

三　被告人らの身上、経歴及び生活状況などについて

関係証拠によれば、次の各事実が認められる。

Vは、昭和四八年初めころ、実父の仕事の関係で静岡県から貝塚市内に転居し、同年三月同市立中学校を卒業後、工員、土方、店員など短期間での転職を繰り返し、昭和五二年三月二二日恐喝未遂保護事件で中等少年院送致の処分を受け、同年一二月退院後は稼働せず、昭和五三年五月三〇日大阪地方裁判所で恐喝罪により懲役一年、三年間刑執行猶予に処せられ、その後も無為に日々を送り、家族としては、両親、実弟のWのほか、弟二人と妹一人がいるが、本件犯行当時は、友人宅を泊り歩いて住居不定の状態にあったもの、Wは、実兄のVと同様昭和四八年初めころ貝塚市内に転居し、昭和五一年三月同市立中学校を卒業後、工員、左官見習などをした後、昭和五三年八月ころからトラック運転助手として稼働し、両親らと同居していたもの、Xは、貝塚市で出生し、幼少時に実父が死亡したため実母の手で養育され、昭和五一年三月同市立中学校を卒業後、工員、土方などをしていたが、昭和五四年になってからは仕事もせず、貝塚市内に居住する実母、兄の許を離れ、空家であった大阪府岸和田市《番地略》の叔母C子方居宅でD子と同棲しながら無為の生活を送っていたもの、Yは、実父の仕事の関係で小学生のころから大阪市内に居住し、昭和五一年三月同市立中学校を卒業後、工員、コック見習などをしていたが、昭和五四年一月一〇日ころ、同市内に居住する両親、弟妹の許を離れ、仕事もせずX方に居候をしながら無為徒食の生活をしていたもの、Zは、貝塚市内で出生し、昭和五一年三月同市立中学校を卒業後、土工、工員などとして稼働し、昭和五三年八月から大阪府泉佐野市内の鮮魚店店員をし、祖母、実父、兄妹と同居していたものであるが、V、Wの兄弟とYとは従兄弟で、XとW及びXとYとはいずれも以前一緒に仕事をしたことがあり、ZとWとは中学校の同級生であったという関係などから、被告人らは、遊び仲間となり、貝塚駅前にある貝塚市《番地略》所在の喫茶店「カーミン」を溜り場として、岸和田、貝塚、泉佐野各市内のパチンコ店、喫茶店などを徘徊して交友していたものである。

四　本件捜査から本件控訴申立に至るまでの経過について

関係証拠によれば、次の各事実が認められる。

1　Zは、一月二六日午後八時ころ、被害者の内縁の夫であるEことF（以下Eという。）に連れられて大阪

府貝塚警察署（以下貝塚署という。以下他の警察署も同様に称略する。）に出頭して、本件犯行（ただし、自己の姦淫及び殺害の実行行為を除く。）を自白（右及び以下において自白とは広く不利益事実の承認を含むものをいい、また単に不利益事実の承認のみをもいう。）し、1・27員面（角谷末勝）を録取された後、同月二七日午前二時零分ころ、同署において、司法警察員に緊急逮捕された。その緊急逮捕手続書によれば、被疑事実の要旨は、「被疑者V、同Z、同W、同X、同Yらは、通行中の女性を襲って強姦しようと共謀のうえ、一月二一日午後一一時四〇分ころ、貝塚市沢六三三番地の四先路上を通行中のA子（当時二七歳）を認めるや、V、Yの二人が同女の背後から近づきYが所携のカッターナイフを突きつけて脅迫し、西側の野菜畑に連れ込んで同女のパンタロンなどを脱がせて裸にしたうえ、他の被疑者らが待つ同市沢六二八番地の四の高松靖治所有の野菜ハウスの中に引きずり込み、Zが同女の左手、Yは首、Wは右足、Xは左足を押えつけてその反抗を抑圧したうえ、V、Y、X、Wの順に同女を次々と姦淫後、犯行の発覚をおそれたVが『殺してしまえ。』と言った言葉に全員共謀して殺害を決意し、VとYが手で同女の頸部を扼圧し、そのころ同所において頸部扼圧により窒息、死亡するに至らせたものである。」というものである。そして、Zは、（員）（角谷末勝）に対する1・27弁解録取書において、右緊急逮捕手続書記載の犯罪事実を認めたうえ、1・27員面（北川幸夫）において、自分が姦淫したことを含めて自白し、（検）に対する1・28弁解録取書でも同様の自白をしているが、裁判官の1・29勾留質問調書では、被疑事実は間違いないと述べながら、自己が姦淫したこと及び首を絞めたことは否定し、Vに誘われて付いて行った旨述べている。その後、Zは、捜査官に対し本件犯行を全面的に自白している（2・1員面、2・2員面、2・3員面、2・6員面、2・6検面、2・8員面、2・9員面、2・10員面、2・12検面、2・15員面、2・16検面《二通》、3・6検面、3・7検面）。

2　Vは、一月二七日午前五時五分、泉佐野市《番地略》第二甲野荘L方において、前記Zの緊急逮捕手続書記載と同様の被疑事実で緊急逮捕されて、同日午前五時五〇分貝塚署に引致された。Vは、（員）（谷村安男）に対する1・27弁解録取書、1・27員面（谷村安男）、（検）に対する1・28弁解録取書、裁判官の1・29勾留質問調書では、被疑事実を否認していたが、1・30員面（谷村安男）で本件犯行を自白し、その後も捜査官に対し全面的に自白している（2・1員面、2・3員面、2・4員面、2・6検面、2・9員面、2・10員面、2・12員面、2・13員面、2・14検面、2・15員面、2・17検面、2・24員面）。

3　Wは、一月二七日午前四時、貝塚市《番地略》乙山食品寮内U方において、前記Zの緊急逮捕手続書記載と同様の被疑事実で緊急逮捕されて、同日午前四時一五分貝塚署に引致された。Wは、（員）（浅田勇一）に対する1・27弁解録取書で本件犯行を自白し、その後も捜査官及び勾留裁判官に対し全面的に自白している（（検）に対する1・28弁解録取書、裁判官の1・29勾留質問調書、2・3員面、2・6検面、2・9員面、2・10員面、2・13検面、2・15員面、2・15検面、2・16員面、3・6検面《二通》、3・7検面）。

4　Xは、一月二七日午前五時一五分、岸和田市《番地略》C子方において、前記Zの緊急逮捕手続書記載と同様の被疑事実で緊急逮捕されて、同日午前五時四〇分貝塚署に引致された。Xは、（員）（山之口公）に対する1・27弁解録取書では、「一月二二日はにしきの浜の駅や海の方に行きました。言いたいことは只、申訳ありません。それ丈です。」とのみ陳述し、1・27員面（成原明）で本件犯行を自白し、その後も捜査官及び勾留裁判官に対し全面的に自白している（（検）に対する1・28弁解録取書、裁判官の1・29勾留質問調書、2・1員面、2・3員面、2・4員面、2・6検面、2・9員面、2・10員面、2・11員面、2・13検面、2・15員面《二通》、2・16検面《二通》、3・7検面）。なお、Xは、二月一六日付で「ぼくの今のきもち」と題し、A子を殺したことを反省している旨の供述書を作成して捜査官に提出している。

5　Yは、一月二七日午前五時一五分、前記C子方において、前記Zの緊急逮捕手続書記載と同様の被疑事実で緊急逮捕されて、同日午前五時四〇分貝塚署に引致された。Yは、（員）（角谷末勝）に対する1・27弁解録取書では、被疑事実を否認していたが、1・27員面（角谷末勝）で本件犯行を自白し、その後も捜査官及び勾留裁判官に対し全面的に自白している（（検）に対する1・28弁解録取書、裁判官の1・29勾留質問調書、2・2員面、2・3員面、2・5検面、2・8員面《二通》、2・9員面、2・11検面、2・

13員面、2・15員面、2・15検面《二通》、3・6検面)。

6 Vは、二月一七日、原裁判所に本件公訴を提起された。Z、W、X及びYは、いずれも当時一八歳の少年であったため、同日、本件犯行(ただし、本件公訴事実第二を除く。)につき、家庭裁判所に送致された後、同月二七日、検察官送致の決定を受け、三月八日、原裁判所に本件公訴を提起された。

7 原裁判所は、審理の結果、昭和五七年一二月二三日、本件公訴事実に沿う強姦、殺人、窃盗(Vにつき)の各事実を認定し、Vを懲役一八年に、その他の被告人らをいずれも懲役一〇年に処する旨の判決を言渡した。

8 原判決に対し、Zは控訴の申立をせず、原判決中同人に関する部分は確定したが、その余の被告人ら四名はそれぞれ本件控訴を申立てた。

五 争点について

1 被告人らの検察官に対する各自白(Zの2・6検面、2・12検面、2・16検面《二通》、Vの2・6検面、2・14検面、2・17検面、Wの2・6検面、2・13検面、2・15検面、Xの2・6検面、2・13検面、2・16検面《二枚綴の分》、Yの2・5検面、2・11検面、2・15検面《二通》)は、その間に多少のくい違いがあるが、その大筋は、次のとおりである。すなわち、

「被告人らは、一月二一日午後七時ごろから、貝塚駅前にある喫茶店『カーミン』で一緒になって遊んでいたところ、同日午後九時ごろ、Vが、他の被告人らに女性と性交したい旨発言したことから、他の被告人らも賛成し、外で女性を見付けて輪姦しようということに相談がまとまった。被告人らは、同日午後九時三〇分ころ、自転車三台に分乗してカーミンから二色の浜公園に行き、アベックを冷かしたり、女性に声を掛けたりしたが、適当な女性を捕まえることができず、電車から降りて来る女性を探すため、同日午後一一時ころ、二色の浜駅に行った。そこで、Vが、その付近のことを知っているZに、強姦をするのに適当な場所がないかと尋ねたことから、Zが本件ビニールハウスに他の被告人らを案内し、被告人らはここで輪姦することを決め、W、X及びZの三名が本件ビニールハウス内で待機し、VとYの二人が二色の浜駅から帰宅途中の女性を捕まえることになった。そして、VとYは、同日午後一一時三〇分ころ、二色の

浜駅前筋の府道から本件ビニールハウス東側の市道の方へ歩行してくる被害者のA子を認め、右市道上において、Vが所携のカッターナイフを同女に突き付けて脅迫し、Yが同女の腕を摑み、同女の携帯していた手荷物を本件ビニールハウス東側の畑の上に放り投げたうえ、同女を右畑の中に引っ張り上げ、同所で同女が暴れたので、そのパンタロン、パンティなどを脱がして下半身を裸にしたうえ、本件ビニールハウスの南側入口から中に連れ込み、待機していたZら三名とともに、同女を仰向けに押し倒した。そして、被告人らが交互に同女の手足を押え付けたうえ、V、Y、X、W及びZの順で同女を順次姦淫し、それぞれ射精した。Zが、自分が姦淫し終わってから他の被告人らに同女が顔見知りである旨告げたことから、強姦の犯行の発覚をおそれたVが、同女を殺害すべく『いてもうたれ、殺せ。』と声を掛け、他の被告人らもこれに応じ、互いに意思を通じたうえ、被告人らは一斉に同女に飛び掛かり、V、Y及びZがそれぞれ両手で同女の首を絞め、W及びXが同女の手足を押え付けてこれに協力し、同女を殺害した。その後、Vの指示により被告人らは、同女の死体を同所に埋めようとして穴を掘ろうとしたが、土が固かったので中止し、死体に土を掛け、生き返らせないようにその鼻や口に土を詰め、さらには陰部にも土を詰め込んだ。そのとき、Vが、Zに畑の方から被害者の荷物を取ってくるよう指示し、Zがその荷物を持って来るや、Vは、その荷物のうちのショルダーバックの中から丸い形の青色か緑色のがま口を取出して自分のポケットに入れて盗んだ。そして、Vの指示で被告人らは死体の周辺の足跡を足で消したうえ、本件ビニールハウスから外に出て逃走した。」

というのである。

2　被告人らは、いずれも原審第一回公判期日以来一貫して本件犯行を否認している。そして、被告人らの弁解及び被告人らの各弁護人の主張は、いずれも、本件犯行と被告人らとを結びつける物的証拠はなく、また、被告人らの捜査段階における各自白調書における自白は、捜査官らの暴行、脅迫によるもので、任意性及び信用性がないのみならず、被告人らには、それぞれアリバイがあるというのである。

原判決は、右被告人らの弁解及び弁護人らの主張を排斥し、前記四の1ないし5掲記の被告人らの各供述録取書及び供述書の任意性及び信用性を認めてこれらを採証の用に供している（ただし、各検面を除く各書面は当該被告人だけの関係で証拠とされている。）が、それらの任意性及び信用性を認めたことについて何らの説示もしておらず、アリバイの主張に対してのみその成立しない理由を説示している。

第二　被告人らの各自白の任意性

一　ZのEに対する自白とその任意性について

本件犯行につき、被告人らに対する捜査が開始されたのは、前記第一の四の1記載のとおり、Zが一月二六日午後八時ころ、Eに連れられて貝塚署に出頭したことに端を発するのであるが、Zは、その前にすでにEに対して本件犯行（ただし、その全部ではない。）を自白しているので、その自白の内容とそれが任意になされたものかどうかを検討する。

Eの原審証言及びZの公判廷における供述によれば、次のような事実が認められる。すなわち、「EとZとはお互いに近くに居住していた関係で顔見知りであり、顔を合わせたときには声を掛ける間柄であった。Eは、内妻が本件犯行の被害者になったため、犯人が近所の者ではないかと心当たりを探していたところ、一月二三日路上でZと顔を合わせ、また翌二四日同人を自宅に連れて行ったときの同人の態度から同人が犯人ではないかとの疑いを持つに至った。そして、一月二六日午後六時すぎころ、貝塚駅前で張り込んでいて同人に出合い、喫茶店に連れ込んで同人に対し本件犯行につき尋ねたが、同人が自白しなかったため、さらに同人を貝塚駅の西方にある脇浜の海岸に連れて行き、さらに追及した結果、同人が本件犯行を自白した。その自白の内容は、一月二一日の夜、V、W、Y、X及びZが貝塚駅前から二色の浜公園（海岸）をぶらぶらした後、本件ビニールハウスに行き、同所で女性を姦淫することにし、VとYがカッターナイフを突き付けて被害者を本件ビニールハウス内に連れ込み、Zを除く他の者はVから順番に同女を姦淫し、同女が抵抗したので、Vが殺せと言い、同人とYが同女の首を絞めて殺害したが、その際Zは同女の手を押さえ付けていただけであり、右殺害後皆で同女に砂を掛けて埋め、足跡を消し、Vが被害者の財布を取ったのち、全員がその場から逃げ、ZはVと二人で羽倉崎の友達の家に行って泊った、というものであった。Zが右自白をしたので、EはZを自宅に連れ帰り、同様の自白を確認したうえ、手帳（原審昭和五四年押第三五号符号26＝当審昭和五八年押第二五五号符号26。以下証拠物は同押号につき符号のみで示す。）に『YVがナイフをA子ちゃんにつきつける。ハウス内に連れ込む　Vが最初にA子ちゃんをおかす。二番目にYがオカス　三番目にXがオカス　四W

まちがい有りません。』と書き、その下にZに『昭和五四年一月二六日午後七時半　Z　A子ちゃんを殺したのは四人でころしました　Z』と書かせたうえ、血判を押させた。その後、同日午後八時すぎころ、EはZを連れて貝塚署に出頭した。」という事実である。

ところで、Zの公判供述は、同人がEに右自白をした状況について、「自分は、Eから喫茶店で本件犯行につき尋ねられて、知らない旨言ったところ、殺すぞと脅され、さらに脇浜の海岸に連れて行かれて、同所でも本件犯行をしていない旨答えると、同人から顔を三、四回殴られ、ナイフか包丁を突き付けられて脅され、殺されるかも知れないと怖くなったので、同人が聞いてくることに次々と思いつきでうそを自白した。自分以外の四名の名前を言ったのは、誰と遊んでいたかと聞かれたからである。手帳の血判は、同人からナイフか包丁で右手の人差指を切られて押されたものである。」旨Eから暴行、脅迫を受けたことを明確にかつゆるぎなく述べている。これに対し、Eは、原審において、「脇浜ではZの顔を一回殴っただけである。そのとき、自分はナイフなど持っていなかった。手帳の血判は、Zが自分で指を切って押したものである。」旨証言し、Zの供述との間にくい違いをみせているものの、「Zが自白をした際、自分の剣幕がすごかったから、同人は自分に殺されると思ったようである。もし、Zが手を下したことを認めたら、自分は警察へ行かないでどうなっていたか分からない。」旨をも証言していて、Zの自白が異常な状態のもとでなされたことを認めている。また、前記認定のようにEが自白しているZを直ちに警察に通報しあるいは出頭させないで、同人に血判を押させたということも特異なことであり、異常な状況があったことを窺わせる。右の諸事情に照らすと、Zの右供述のようなEによる暴行、脅迫があったことを強ち否定することはできず、したがって、ZのEに対する前記自白は同人に強要されたもので任意になされたものでない疑いを容れる余地があるといわざるをえない。そうすると、Eの原審証言中、Zの同人に対する自白を内容とする部分（以下Zの自白に関するE証言という。）は、これを被告人らの本件犯行を認定する証拠とすることはできないといわなければならない。

二　被告人らの捜査官に対する各自白とその任意性について

1　被告人らに対する取調状況について

(一)　Zに対する取調状況について

Zは、公判廷において、捜査官による取調状況につき次のような供述をしている。すなわち、「一月二六日夜貝塚署へ出頭し、小さな取調室で五、六人くらいの警察官から『お前ビニールハウスやったやろう。』と言われ、やってないと答えて二、三〇分くらい黙っていたら、警察官からもうこっちでちゃんと分かっているんだと言って、平手で殴られ、頭を壁にぶつけられ、足を踏まれるなどの暴行を受け、仕方なく、V、W、X及びYの四人が被害者を強姦し、殺害した旨Eに述べたと同様のことを自分の思い付きでしゃべった。自分自身はやっていないと言っていたが、調書をとられて逮捕された。逮捕されてからも、その日に、髪の毛を引っ張られたり、頭を壁にぶつけられたり、蹴られたり、殴られたりされ、怖かったので自分もやったことを認めた。これら暴行をした警察官の名前は分からない。その後、一月三〇日ころ暴行を受け、その後も警察で毎日のように同様の乱暴を受けた。乱暴をしたのは自分を取り調べた刑事である。河原刑事に殴られたり、髪の毛を引っ張られたりしたことがある。その間面会に来た弁護人に対し、警察官から乱暴を受けていること及び犯行をしていないが怖いから否認できない旨を述べたことがある。検察官の取調に対しては、警察が怖いので警察で述べたとおりを述べた。二月六日の検察官の取調を受けて帰る自動車内で警察官から『お前はまだ正直に言っていない。』といって殴られ、また、同月一六日の検察官の取調を受け警察に帰ってからも同様に言われて殴られた。」というのである。これに対し、当初Zの取調に当たった司法警察員角谷末勝は原審（第二〇回公判）において、「一月二六日貝塚署で出頭してきたZを取り調べたが、同人がEに連れられて出頭してきたことを知っていただけでEとどのような経緯があったのか知らなかった。先入観なしでZに対し本件犯行について尋ね、同人は普通の状態で供述した。同人を逮捕するまでの間に、同人に対し自分らが暴行を加えた事実はない。」旨証言している。しかし、Eの原審証言によれば、同人はZを連れて貝塚署に出頭した際、Zに血判を押させた前記の手帳（符号26）を持参し、警察官に一、二時間話をしたことが認められることに徴し、右角谷がEがZを連れてきた経緯を知らないまま同人の取調べに当たったということは不自然であること、後記㈤で判断するように角谷のYを取り調べた状況についての供述が措信できないこと、前記第一の四の1で認定したように、Zは、逮捕された後1・27員及び（検）に対する1・28弁解録取書では自己の姦淫行為を認めながら、裁判官の1・29勾留質問調書では、なお自己の姦淫行為を否定していることなどに照らすと、角谷のZを取り調べた状況についての前記の証言をにわかに措信することができず、また、Zを逮捕した後の取調状況につきほかに検察官の立証がないので、結局Zの前記取調状況についての供述、すなわち取調当初から引き続き暴行を受けていた旨の供述を虚偽であるとして排斥できないというべきである。

(二) Vに対する取調状況について

Vは、公判廷において、捜査官による取調状況につき次のような供述をしている。すなわち、「一月二七日午前五時ころL方にいたところ、警察官が三名来て一月二一日の事件を知っているだろうと言われ、当時L方にいて現場にいなかった旨否認したら、自分一人が玄関の方の部屋に連れて行かれ、手錠をはめられて正座させられ、踏まれたり、蹴られたりした。それから貝塚署に連行され、広い部屋で谷村刑事から『お前やったんか』と聞かれて、やってない旨否認したところ、髪の毛を引っ張られた。それから直ぐ泉佐野署に移され、同日から一月二九日まで警察官から髪の毛を引っ張られたり、床に土下座させられたり、壁に頭をぶつけられたり、正座させられて踏まれたり、蹴られたりした。取調主任の谷村からは髪の毛を引っ張られたことがある。一月二九日裁判官の勾留質問を受けてから、刑事から『お前がやってないと言っても裁判官が認めたんだ。家に帰らしてもらえへんやろ。』などと言われて、髪の毛を引っ張られたり、殴られたりしたので、嫌になって死んでやろうと思って頭突きをして窓ガラスを割ったりして暴れた。その結果、一月三〇日に本件犯行を認めたが、具体的な供述ができず、刑事のいうとおりに答えた。右自白をしてからは余り暴行をされていないが、供述内容が他の者と違うといって髪の毛を引っ張られたことはあった。がま口を盗んだことを認めさせられ、それを捨てた場所も供述させられたが、その供述した場所からがま口が発見されなかったため、谷村主任と福田刑事から髪の毛を引っ張られたり、壁に頭をぶつけられたり、さらに蹴られたりなど目茶苦茶に暴行された。検察官の取調の際には、横に刑事がいたので、警察と違う供述ができなかった。」というのである。これに対し、Vの引致を受けて後、引き続き同人を取調べた司法警察員谷村安男は、原審（第二一回及び第二二回公判）において、右暴行の事実を否定し、「一月二九日にVが暴れたのは自白する気になったからであり、翌三〇日に自白をしたのは同人がその気になったからである。」旨の証言をしている。しかしながら、Vの前記暴行を受けた事実に関する供述は、暴行を受けた経緯を含めて極めて具体的であるうえ、一月二七日L方で暴行を受けたという点及び自白後は余り暴行を受けなかったが、がま口が発見されなかったときに暴行を受けたという点には真実性が窺われること、Vは、右谷村の原審（同右）証言に対する反対尋問において、自らが具体的状況を前提とした暴行の事実につき迫真力のある質問（自らの供述の形でなされている。）

を数回にわたってしていること、右谷村の原審（同右）証言によるも、Vが一月三〇日に自白をするに至った経緯につき納得できるような説明がないことなどに照らすと、右谷村は否定するけれども、Vの前記警察官から暴行を受けた旨の供述が真実である可能性を否定することはできないと考えざるをえない。

㈢　Wに対する取調状況について

Wは、公判廷において、捜査官による取調状況につき次のような供述をしている。すなわち、「一月二七日自宅で寝ているとき警察官から布団をめくられて起こされ、貝塚署に連行された。そして、同日午前四時四〇分ころ、同署の取調室に入れられ（右時刻は同室の時計で分かった。）、浅田刑事ほか二名から被疑事実も告げられず、いきなり『お前が首を絞めて殺したんか。』と言われ、知らないと答えた。（員）に対する弁解録取書に、同日午前四時二〇分ころに被疑事実を認めた旨の記載があっても、そのころには認めていない。刑事から暴行を受けたが、やってないと言っていた。名前の分からない刑事二人から手錠をはめたままの状態で頭を手拳で一四、五回殴られ、足を蹴られたり、髪の毛を掴んで引っ張られたり、頭を壁にぶつけられたりした。そのため我慢できなくなって、午前七時四〇分ころ、被疑事実を認めた。（員）に対する弁解録取書が作成されたのは午前八時を回っていたと思う（右時刻は取調室に時計が掛かっていたので分かっていた。）。その後、最初の勾留一〇日間のうち二、三度警察官から殴られたり、蹴られたりしたが、そのうち一度は十数回殴られた。勾留延長になってからも何回か殴られた。浅田主任からも机の下から蹴られたことがあり、また顔を手拳で殴られたこともある。自分の供述が他の者と違うと言われて暴行を受けたのは、強姦の順序を自分がXより先であったと言ったとき、被害者の財布の中味を知らないと言ったとき、カーミンから本件ビニールハウスに行った道順を言ったときなどであった。取調で暴行が一番ひどかったのは一月二七日であった。弁護人と面接したとき、弁護人からやってないならやってないと弁解するよう注意されたが、刑事からは、弁護人と何を話したか言えと言われて、本当のことを言うと何をされるか分からないので、刑事にはやっていないと言えなかった。また、検察官に対しても、本件犯行を認めたが、それは、その取調のそばに警察官がいて、やってないと言うと警察に帰ってから何をされるか分からないと思い怖かったからである。検察官からは調書を読み聞かされたが、警察では一度も調書を読み聞かされたことはない。」というのである。これに対し、Wを緊急逮捕し、その後も引続き同人を取り調べた司法警察員浅田勇一は、原審において、「Wを緊急逮捕して貝塚署に連れて帰り、すぐ被疑事実を告げたところ、同人はしばらく震えながら黙って涙ぐんでいたが、その後で『すみません。』と言って事実を述べた。弁解録取書は、その記載どおり午前四時二〇分に作成した。Wに暴力を振ったことはない。」旨証言している。両者の右各供述を対比してみるに、Wの右暴行を受けた事実に関する供述は、極めて具体的詳細であり、特に暴行を受ける原因事実との結び付きは合理的で自然であること、Wは、右浅田も暴行をした旨明確に供述し、同人の原審証言に対する反対尋問において、自ら、具体的場面における同人らの暴行につき質問（自らの供述の形でなされている。）を数回して同人を追及したのに対し、同人は、単にその事実がないとかそんなことはできないはずであると否定するにとどまっていることなどに照らすと、右浅田の否定の証言にもかかわらず、Wの前記警察官から暴行を受けた旨の供述を虚偽であるとして排斥することはできないというべきである。

㈣　Xに対する取調状況について

Xは、公判廷において、捜査官による取調状況につき次のような供述をしている。すなわち、「一月二七日午前五時すぎごろ、C子方で寝ていると、警察官四、五人が来て、一緒に来てくれと言われ、事情が分からないままYとともに貝塚署に連行された。その際、緊急逮捕するといわれていない。貝塚署に行くと、大きな部屋に入れられ、床の上に正座させられたうえ、警察官から初めて『お前殺したやろ。』と言われ、やってないと言ったあと黙っていると、二人いた警察官のうち一人から断続的に手ぬぐいかハンカチかを巻いた右手拳であるいは素手の左手拳で顔を一〇回以上殴られ、腹も足で蹴られた。殴った警察官の名前は分からないが、背丈が一七〇センチメートルくらいの眼鏡を掛けた人であった。二時間くらいした午前七時三〇分ころ（右時刻はその部屋の時計で分かった。）、殴られるのが怖くて犯行を認めた。すると、簡単な書類を作るといって小さな取調室に連れて行かれた。弁解録取書に署名したか記憶しないが、その部屋で名前を書いたと思う。犯行の内容を聞かれても事情が分からず黙っていると足を一〇回以上も蹴られた。その部屋に一時間くらいいた後、泉南署に連れて行かれ、同日午後九時ころまで取調べを受けた。床に正座させられていたが、背中の上へ足を乗せて押し付けられた以上の暴行はなかった。その後も連日警察官に取り調べられたが、大体は床に正座させられていた。自分が素直に『はい。』と言って、警察官が気嫌のよいときは正座ではなく、椅子に座わらせてくれた。検察官の取調のときやってないと言えなかった。それは武田刑事（武内刑事の誤りと思われる。）がその取調に同席しており、否認すると警察に帰ってから暴行されると思ったからである。また、2・16供述書は、刑事が白紙の紙を持ってきて、言うとおり書けといわれ、やむなく書いて署名指印したものである。」というのである。これに対し、Xを逮捕し、当日（一月二七日）同人を取り調べた司法警察員成原明は、原審において、Xに対する暴行の事実を否定したうえ、「Xを貝塚署に連行したとき、当初同人は否認していたが、しばらくして震え出して自白した。自白をしたきっかけは記憶していないが、同人の供述に矛盾があってその説明ができなかったからと思う。」旨証言し、また、一月二九日からXを取り調べた司法警察員武内勝春は、原審証人として、Xに対し暴行を加えた事実はない旨供述している。しかし、Xの右一月二七日自白するまでに受けた警察官による暴行についての供述は、非常に具体性に富むものであるのに対し、右成原の右Xが否認から自白に転じたきっかけについての証言があいまいであること、Xの右弁解録取に関する供述及び前記第一の四の4に記載したようにXの（員）に対する弁解録取書における供述が「一月二一日はにしきの浜の駅や海の方に行きました。言いたいことは只、申訳ありません。それ丈です。」という認否いずれであるか不明のものであることに徴し、司法警察員のXに対する弁解録取には手続上の正当性に疑念を容れる余地があると思われること、Xは、右成原及び右武内の前記各証言に対し、それぞれ自ら反対尋問して、具体的場面における警察官の暴行につき迫真性のある質問（自らの供述の形式でなされている。）をして追及したのに対し、同人らはいずれもそのような事実はないとか記憶にないとか答えるにとどまっていることなどに照らすと、右成原及び右武内の前記否定の各証言にもかかわらず、Xの前記警察官から暴行を受けた旨の供述を虚偽であるとしてにわかに排斥しがたいといわざるをえない。

㈤　Yに対する取調状況について

Yは、公判廷において、捜査官による取調状況につき次のとおり供述している。すなわち、「一月二七日午前五時すぎころ、C子方で寝ていたところ警察官が来て、荷物をまとめて付いて来いと言われ、貝塚署に連行された。そのとき本件被疑事実は聞かされていない。貝塚署に行き、取調室で警察官から『一週間前に何やったんや。』と言われ、高橋とのけんかのことを言ったら、『そんなことやないんや。』と言われた。その後、取調主任の角谷刑事から被疑事実の内容を聞かされ、『お前がやったんやろ。』と言われ、否認すると、一月二一日の行動を言えと言われ、K子と一緒にいたことなどその日の行動を何回も述べたが、聞いてくれなかった。そしてその日、高石署に連れて行かれるまでの間、角谷刑事らから、正座させられて、スリッパで頭を殴られたり、腹を蹴られたり、歯茎のところを押えられたり、耳を引っ張られたりされた。その間、午前一一時ころ警察官がZを連れて来て、同人に自分のことを『こいつがやったんやな。』と言うと、Zがうなずいたので、他の者も認めていると思い、正午ころには自分も認めた。自分の弁解録取書がいつ作成されたか覚えていない。その日、自白した後も角谷刑事の取調に対し、ビニールハウスの所在場所を適当に言ったら位置が違うと言って殴られ、また、自分の手の甲の傷を見つけられて、Xと力比べしてできた傷だと言っても信用してくれず殴られた。一月二八日以降も毎日のように暴行されたが、刑事の言うとおり返事していたら殴られない日もあった。乱暴されたのは、角谷主任と本田刑事からで、一人に後ろから摑まれて動けないようにされ、一人に前から腹を手拳で殴られた。また、本田刑事から頭をスリッパで殴られたり、壁に頭をぶつけたりされた。暴行を受けたのは、被害者の財布を知らないと言ったりしたときとか、ビニールハウスの入口とか、ナイフのことなどの説明が十分できないときなどであった。水谷弁護人と違う別の弁護人が面会に来たとき、同人に本件犯行をやったと言ったが、それは、刑事が、今日弁護士が来るが警察に述べたことと同じことを言わないと後で知らんぞと言われていたからである。その後、水谷弁護人が来たとき、同人に本件犯行をやってないと言った。初め検察官に取り調べられたときは警察と区別がつかず、同じことと思って否認しなかった。最後に高石署で検察官の取調を受けた際、もう一度調べてもらおうと思ってやってないと言ったら、検察官が怒って帰ってしまい、自分は留置場に戻されて角谷主任と本田から取調室で正座させられ、反省の色がないからもう一度考え直せと言われ、角谷主任に正座した足の上に乗られたりした。また、そのあとスリッパで頭を殴られた。そのため、再び検察官に対し、やってないと言ったのはうそであった旨供述した。」というのである。これに対し、Yを当初から取り調べた司法警察員角谷末勝は、原審（第二〇回公判）において、Yに対する暴行の事実を否定し、「同人は当初の弁解録取では否認したが、自白するまでに一時間くらいしかかからなかった。同人の手の傷を追及したら、同人が被害者にひっかかれたものであることを認め、本件犯行を自白した。」旨証言している。しかしながら、Yの右暴行を受けた事実に関する供述は、その暴行を受ける原因事実を含めて極めて具体的で迫真力に富むものであるのに対し、右角谷の供述は、ただ暴行を否定するだけであること、右角谷は、Yが自白をしたきっかけとして同人が手の傷を追及されたからである旨供述するのであるが、Yは、その傷がXとの力比べをしてできた傷である旨弁解しても右角谷が聞いてくれなかった旨供述するところ、後記第三の三で認定判断するように、Yの右の手の傷が、被害者にひっかかれた傷ではなく、同人の右弁解どおりの可能性が大きいと考えられることに徴し、角谷の右Yの自白のきっかけに関する供述は到底信用できないこと、また、右角谷は、Yの取調中にZを引き合わせたことは否定しながら、両者が顔を見合わせたことを認めるようなあいまいな供述をしていることなどに照らすと、右角谷は否定するけれども、Yの前記警察官から暴行を受けた旨の供述が真実である可能性が強く、これを虚偽としてたやすく排斥できないといわなければならない。

2　結び

前記1の㈠ないし㈤に説示したとおり、被告人らの司法警察員による取調の際に暴行を受けた旨の各供述を虚偽であるとまでいえないとすると、被告人らの司法警察員に対する各自白の任意性については疑いがあるといわなければならない。そして、被告人らが公判廷において供述するように、被告人らは、検察官による取調を受ける前に警察官から警察で述べたとおり供述するように言われたり、またその取調に警察官が同席し、取調後警察署に連れ帰られる際、その取調における供述を非難され、暴行まで受けている疑いがあることに照らすと、検察官が被告人らに対し直接暴行、脅迫を加えた事実がないにしても、被告人らの検察官に対する各自白が警察官による不当な影響が遮断された状況の下でなされたものとは認められず、その任意性についても疑いがあるといわざるをえない。また、その間になされたVを除く被告人らの勾留裁判官に対する各自白についても同様に考えざるをえない。そうだとすると、前記四の1ないし5掲記の被告人らの各員面（ただし、Vの1・27員面を除く。以下各員面というときは同様。）及び各検面、V及びYを除く被告人らの（員）に対する各弁解録取書、Vを除く被告人らの（検）に対する各弁解録取書、Vを除く被告人らに対する裁判官の各勾留質問調書並びにZ作成の供述書（以下これらを被告人らの各自白調書という。）は、いずれも任意性を欠くものとして、その証拠能力を否定すべきことになるが、当裁判所としては、なお慎重を期してさらに被告人らの各員面及び各検面における自白の信用性について検討を加えることとする。

第三　本件犯行と被告人らとを結びつける物的証拠の有無

（中略）

第四　被告人らの各自自の信用性

（中略）

第五　被告人らのアリバイの成否

（中略）

第六　結論

以上に説示したとおり、被告人らが犯人であることを認める証拠としては、被告人らの各自白調書における自白及びZの自白に関するE証言があるほかは、物的証拠は存在せず、その他記録を検討しても、直接的あるいは間接的人的証拠を発見することができず、被告人らのアリバイ主張を否定するに足る証拠がないうえ、被告人らの右各自白には著しい変転、くい違いなどがあってその信用性を肯定することができないものであり、そして、その信用性が肯定できないものであることを考慮すると、前記第二において判断した被告人らの各自白に任意性がないとの点も一層明確になったものというべきであって、被告人らの各自白調書及びZの自白に関するE証言はその証拠能力を認めることができないというべきである。

したがって、被告人らの各自白の任意性及び信用性を肯定し、これと他の関係証拠とにより本件公訴事実に沿う事実を認定して被告人ら四名を有罪とした原判決には、任意性に疑いのある被告人らの各自白調書及びZの自白に関するE証言の証拠能力を認めてこれを証拠とした点において訴訟手続の法令違反があり、かつ、証拠の価値判断を誤ったことによる事実の誤認があって、それらが判決に影響を及ぼすことは明らかであるといわなければならない。被告人ら四名及び各弁護人の各論旨（ただし、弁護人黒田宏二の量刑不当の論旨を除く。）は、すべて理由があり、原判決中、被告人ら四名に関する各部分は破棄を免れない。

なお、本件について右のような結論に到達したことに関し触れなければならない点がある。それは、Zが、有罪を言渡した原判決に対し控訴の申立をせず、その判決確定により受刑していることである。仮にZが真犯人でなかったとすれば、懲役一〇年という重い刑を言渡した原判決に対し控訴の申立をしないということは通常考えられないことである、Zは、当審において、証人として、控訴をしなかったのは、未決勾留でいるのが辛く、早く服役して自由になったほうがよいと思ったのと、祖母及び父からも控訴せず服役するよう言われたからである旨証言するのであるが、それだけの理由では納得しがたいところであり、それだけの理由しか述べないことに照らすと、Ｚが控訴をしなかったのは、同人が真犯人であったからではないかとの推測が成り立たないとはいえない。そうすると、被告人ら四名も真犯人ではないかという推測も成り立ちうる。したがって、Ｚが控訴しなかったということから考えれば、被告人らあるいは被告人らのうちの誰かが真犯人でないかとの疑いが全くないとはいえない。しかし、本件においては、前叙のとおり証拠を検討した結果、被告人らに対し有罪の認定をする証拠がないとの判断に達したものであり、Ｚが控訴をしなかったことに疑念があっても、それをもって右判断を動かすことは到底できるものではない。

よって、疑わしきは被告人の利益に、との刑事裁判の鉄則に従い、刑事訴訟法三九七条一項、三七九条、三八二条により原判決中、被告人ら四名に関する各部分を破棄することとする。

第七　自判

当裁判所は、刑事訴訟法四〇〇条但書によりさらに次のとおり判決する。

被告人ら四名に対する本件各公訴事実は、前記のとおりであるところ、すでに詳細に説示したとおりこれを認めるに足りる証拠がなく、本件各被告事件はいずれも犯罪の証明がないので、刑事訴訟法三三六条により被告人ら四名に対しいずれも無罪の言渡しをすることとする。

よって、主文のとおり判決する。

（裁判官　髙橋通延　野間洋之助）

裁判長裁判官環直彌は退官のため署名押印することができない。

（裁判官　髙橋通延）

【資料5】 司法の独立

【資料5－A】は、「近ごろ司法について感ずること」と題して、昭和六一年一一月に行われた第一九回司法制度研究集会における講演の記録である。環さんが全国裁判官懇話会に関わるようになった歴史とともに、青法協や全国裁判官懇話会に関わった裁判官に対する任地・部総括発令・報酬上の差別の実態が具体的に紹介されている。
【資料5－B】では、思想上の理由から裁判官の報酬に格差があることについての環さんの調査結果が報道されている。

【資料5－A】 法と民主主義二一四号（一九八七年）四～九頁

第一九回司法制度研究集会・講演

近ごろ司法について感ずること

元大阪高裁判事・弁護士　環　直弥

只今ご紹介頂きました環でございます。ごく最近弁護士の登録をいたしまして、日民協の会員にさせて頂きました。よろしくお願いいたします。

ご紹介にありましたように、私は、検察官、弁護士、裁判官と転々といたしましたので、時々法曹一元の理想的な途を歩んだなどとお褒めの言葉ともとれる言葉を頂くことがありますが、不勉強でして、格別の知識、体験をえたという自覚はございません。今日は、何か司法について話せということですが、裁判の内容については私の出る幕ではないと思われますので、主として司法行政について日頃感じていることの一端を述べさせて頂きます。今日申し上げることについては、すでに学者や法律実務家の諸先生がいろいろ調査、研究をされ、その結果を公表されていまして、特に目新しい皆様に興味のあるお話を出来そうにもありませんが、最近まで司法に奉職していた一人の感想としてお聞き流し下されば幸いと思います。

良心こそ裁判官に不可欠

私が最後に勤めていました大阪では、毎年一回、高裁の裁判長が、分担して管内の地裁に行き、裁判官と懇談するならわしになっていますが、その際請われた若い裁判官に先輩ぶって一言述べることがありますが、その際、私は、よく、何か新しい問題などで難しいことが出て来た時は、出来るだけ自分で考えてみて、なんとか結論を出してみるのが良いのではないかという趣旨の話をしました。そのような時に、そうしないで、すぐ図書室に飛んで行って、そのものズバリ、あるいはそれに類似する問題についての判例とか、偉い先生の論文とかを探し出して来て、自分でよく考えもしないでそのうちのどれかの見解を自分のそれとして述べるといった裁判官がいることを時たま見掛けたり、同僚から聞かされたりすることがあるからです。

先達の意見を参考にすることが不必要だなどとはさらさら言うつもりはありませんが、徒らにそれに捕われ、自分の頭で突きつめて考えることもなく行なう裁判が、果してその裁判官の裁判と言えるでしょうか。

また、私の尊敬するある裁判長は、右のような機会に、よく、控訴審を見て裁判するなと言います。自分の裁判が控訴審で破れないようにと気にするあまり、自分の見解を曲げるかも知れないような裁判官がいることを長い裁判官生活の中で感じているからだと思われます。

右に一例を挙げたような権威に弱い、批判精神に乏しく、安直に能率的な裁判をしようとする裁判官が増える傾向があるとすれば、由々しい問題であると言わなければなりません。自分が頭が良くないから弁解をするわけではありませんが、私は、裁判官というものは学者先生のようにそれ程いわゆる頭が良い必要はないと思います。良心こそ大切であると思います。頭の良い人は、相反するどちらの見解をも正当らしく見せ掛ける能力がありますから、若しその人に裁判官の良心に欠けるものがあると、最も危険な存在になるとも言えるでしょう。

それでは、裁判官が憲法、法律と良心とに基づいて本来の正しい裁判をすることを妨げているものがあればそれは何か、その対策はどうあるべきか、それらについて司法行政との関わりという観点から、私の拙い体験に基づく感想を若干申し上げたいと存じます。

宮本裁判官の再任拒否、全国裁判官懇話会の発足

私は、裁判官に就任する前は、敗戦後司法制度の改革によって民主化された筈の裁判所において、裁判の独立が文字どおり守られていることに殆んど疑念を持っていませんでしたし、就任後も、現実には徐々に反動的司法施策が講じられつつあったにせよ、また、裁判官の裁判の独立についての関心、意識の低さを感じさせる一、二の事例に出会ったことがあったにせよ、裁判官の意識についても、司法施策についても、それほど反動化の傾向に心を悩ませるようなことはなく過しました。

しかし、昭和四二年ころからの、例えば、青法協会員に対する施策、平賀書簡問題等を体験してからは、どうも大変なことになりつつあるということを痛感するようになり、昭和四六年の宮本裁判官の再任拒否に至って、私の司法に対する信頼感が裏切られた気持ちは、驚愕という言葉を用うるにふさわしいものでした。私は、本来自分の物の考え方をオールドリベラリスト的であると考えていますが、人権として、また、民主的司法における裁判の独立にとって、思想信条の自由、言論の自由が最も重要であるという思いは強く、裁判官就任の理由の一つもこれらを守るために少しでも寄与することができるかと考えたためでありました。

宮本裁判官の再任拒否の理由は、司法行政当局の人事秘密という不可解な見解によって遂に明らかにされませんでしたが、私の得た情報による限り、正に裁判官の思想信条の自由が、裁判所の内部において侵され、しかも、それによって民主的司法にとって不可欠な裁判官の身分保障が葬られたという恐るべき事態が宮本問題であると解釈せざるをえませんでした。そして、その後の最高裁判所のこの問題についての態度も到底納得できるものではありませんで

した。そこで、このような司法にとって重大な事柄は、裁判官の全てが、真摯に考え、率直に討論し、正しい司法の運営に向けて努力すべきではないかということで発足したのが全国裁判官懇話会であるというのが、少くとも私の理解であります。そこでは、官製の会同で従来えられなかった成果があったと思っていますが、今なおその存続の必要性が認められますので、引続き開催されております（私は、出席したある裁判官などの国際会議で、出席の諸国の皆さんとの対話の中で、このような裁判官の自主的会合の必要性を強く感じさせられたことがあります）。このようなことから、司法行政の重要性を認識し、自分でもいろいろ考え、また、右の懇話会を通じて裁判官のいろいろな考え方に接して啓発されることが多くなったわけであります。

司法行政の反動化と裁判官の意識変化

当時司法の危機ということが言われましたが、そのころから裁判官の意識に何か変化があったでしょうか。

軽々には申せませんが、私の感じでは、司法行政に対する態度からみて、裁判官の意識の別が徐々に表われて来ているように思われます。大胆な分け方をすれば、いわゆるエリート裁判官型の人は今の司法行政に満足しており、むしろ積極的にそれを支援する人達であり、その外の相当部分の裁判官職人型の人は、仕事には打ち込むが、司法行政に対しては批判もしなければ積極的に賛同することもない人達であり、その余は、司法施策の反動化に積極的に批判的精神をもって立ち向かう人達であります。少くとも外形的には右のように分類しても大きな間違いがないと思います。（裁判官懇話会の趣旨とは異なりますが、残念ながら右懇話会の出席者は右の最後の型の人達が多く、それが何か特定の考え方の人々の集合であるかのようなあらぬ非難を招いていることは残念です）。しかし、私としては、少くとも第二の型の人達の中には、内心第三の型の人達と同じように本来の民主的司法の回復に共鳴し、これを目指している人が相当いるように感じ、これらの人達に希望を託しているわけです。

ところで、現在の裁判所では、これらの人達の間の対話が減じ、また、それを含め、従前のような明るい、自由濶達な空気が薄くなっている印象は否めません。このことと司法施策との関わりはどうでしょうか。

生活・行動範囲の狭少性

ご承知のように、裁判官の生活、行動の範囲は、その職責上非常に狭くなることは止むをえないことです。そのことから、昔からよく非難されるように、社会的意識が狭少で、いわゆる孤高、世間知らずになる傾向があります。しかし、従来は裁判官を信頼してそのような制度はなかった、例えば、休暇願い、旅行届を半ば強制し、また、後に述べるようにその必要が合理的に納得しがたい頻度の高い（しかも、往々不当な）転任等により裁判官に勤め人的意識を植えつけ、裁判官一人一人の私生活を掌握し、その生活スタイルを一定の鋳型に入れようとする司法施策がその傾向に拍車をかける結果にはなっていないだろうかと思われます。最近裁判官の不祥事件が相次いで発生して我々の心を痛めさせましたが、それに対する施策としてすぐ研修をする、私生活を規制するということを行うのですが、私としては、これらは監督的立場にある者としてちゃんと対処しているという対世間的な見せかけの施策としか思えません。不祥事の根はもっと深いところにあるのではないでしょうか。

出世欲

そして、つぎに、最も重要なことに裁判官に出世欲はないかということがあります。裁判官である者が表立って自分は出世したいなどということは稀です。相当露骨に出世欲を見せる人でも、自分は裁判に打ち込んでいると恐らく言うであろうと思います。しかし、人間そううまく行くものではないと思います。過剰な出世欲は、必ずや裁判に打ち込む情熱の減退、裁判に対する誇りの喪失を招くものだと考えます。杞憂であって欲しいのですが、現実には出世欲が次第にふくらんで来ているという感じを否めないのです。司法行政との関係で考えてみましょう。

私は、最高裁（私は、司法行政を担当した経験がないので、最高裁裁判官会議がどのように運営され、事務総局がどのように右運営にかかわっているのかを具体的に知りませんので、右のように表現します。）の主導による中央集権的人事行政の運営と管理体制の強化が、右の意識を強める結果になっていると考えざるをえません。その内容については、従来から指摘されているところであり、その多くは私も同感でありますので、簡単に述べたいと思いますが、まず、裁判官会議による司法行政から最高裁長官—高裁長官—地・家裁所長という系列による司法行政への変化が挙げられます。本来必要とも思われない裁判官の格付けを沢山つくり、俸給も多くの段階を設ける、所長などには法的な権限がないのに、事実上多くの権限（個別裁判官に対する指導、監督、その任地、職務分担の希望についての意見具申など私意の入る余地の多いもの）を取り込ませ、最高裁の施策の押付けを推進させている（上意下達）ということであります。

また、司法行政の経験のある裁判官を特に優遇しているという実績上明らかな施策も問題であります。司法行政の地位に就く裁判官に有能な人が多いというのがその根拠として主張されると思われますが、司法における司法行政の役割りから考えて、何故特に優秀な裁判官だけを裁判させずにその地位に置かなければならないか、合理的な説明は し難いのであって、正に司法の官僚的性格を露骨に示していると言わざるをえません。

差別待遇

さらに、私が今最も重要であると思われるのは、差別待遇であります。少し詳しく述べてみたいと思います。今日申し上げるのは青法協会員裁判官（現在はすべて青法協から脱退していると聞いているが、便宜上会員裁判官といいます。）及び全国裁判官懇話会開催関与者（以上併せて述べるときは会員裁判官らといいます。）に対する差別についてであります。

その実態について申しますと、任地については、会員裁判官らは、ここ数年来、最高裁事務総局、調査官、東京、大阪地裁で行政部、労働部に配置された例はなく、五名については家裁勤務の年限が同期の裁判官に比べて著しく長期であり、また、二ないし三の小規模支部に連続補職され、かつ、一任地の期間が三年以上の人だけを拾ってみても、過去一〇年間に三回、同八年間に二回の人が各一名、同七年間に二回の人が四名、同六年間に二回の人が三名、同五年間に二回の人が四名の多きを数え（以上昭和六〇年調査）、一般の裁判官に比してその割合は圧倒的に多いのです。

報酬については、会員裁判官らのうち九期（昭和三二年任官）から一五期（昭和三八年任官）の一五名（会員裁判官一三名、懇話会関係裁判官三名、一名は重複）について調査しました。体験の集積により推論しますと、判事四号報酬までは通常何の差別もなく昇給しますが、判事三号報酬に昇給する際差が出て、判事任官後二一年目の四月に一部（最高裁事務総局勤務者、高裁勤務者、大都市の地裁の部総括、中都市の地裁の所長代行等）が、その年の一〇月に残りの大部分（小都市の地裁の部総括等）が、そして、翌年の四月にその他（支部、家裁勤務者等）がそれぞれ昇給するのが一般のようです。ところが、会員裁判官らについては、全員がトップ組からは遅れ、六月遅れ二名、一年遅れ一名（退官前日昇給）、一年六月遅れ三名、一年九月遅れ一名（退官前日昇給）、二年遅れ一名（前同）、三年、四年、五年、七年六月遅れ各一名、未昇給三名（以上昭和六一年四月現在）となっております。右一五名の昇給時期の差は当時の任地、部総括発令の有無等によるものと思われますが、一般の昇給事情とは全く異なるものといわなければなりません。

考えてみますと、本来裁判官の任地、報酬については憲法上の諸要請から考えて、裁判官についての人事行政の余地は殆んど存在しないものと思われますが、現実には大変な仕事になっています。任地については、昭和三〇年ころからいわゆるA・B・C転任方式をとり、判事補に大・中・小の各裁判所を平等に体験させることとなり、それはそれで意味がありましたが、反面、それは、転任を当然のことと考える風潮を生み、再任期における半ば強制的な転任と併せて、転任を行政的に運用する下地を作りました。さらに、最近では適材適所主義が言われるようになり、前述のような転任の大義名分がなくなったのに、大量転任の事実だけは独り歩きして残っております。適材適所主義は、理屈の上では妥当性を認めることができますが、本音が建前と異なり、人事行政当局の恣意的行政の用具として用いられますと、容易ならぬこととなりかねません。昇給についても、裁判官に対する報酬は裁判をすることに対するものであるという本質から考えて、裁判官の思想、信条によって差別すべきものではなく、司法行政優位の態度をとることは正しくなく、また、任地と対応して考えることも正当でないことは明らかであります。そして、理由のない差別は、憲法に定める報酬の減額と同視すべきものともいえると思います。

ところで、最高裁は、青法協が政治的色彩を帯びた団体で、裁判官がとくに加入することは好ましくないと考えているようであり、懇話会については、最高裁の司法政策に反抗するものであると考えているふしが認められます。前者について最高裁は公正らしさ論を根拠にするなどいろいろ述べている（また、進歩的であるとの評のある元最高裁判事は、青法協の人は衆を頼んで自分らの主張を押し通そうとするもので、裁判官として不適格であると述べる。）けれども、その理論はあまり合理的であるとは思われません。最高裁の気に入らぬことは分りますが、それだからといってその加入を非難することは、やはり裁判官の思想信条の自由を侵すものとしか考えられません。しかも、会員裁判官のうち私の知る人々に裁判官の資質に欠けると認められる点があるとは到底考えられませんので、右の差別は思想信条によるものとしかいいようがなく、不当であるといわざるをえません。

また、懇話会については、さきに述べたとおりで、時に最高裁の司法施策に批判的な発言が見られるにせよ、それはそれらの問題について真摯な検討と対応を求めているものであって、最高裁こそこれに正面から対応すべきものであり、これを徒らに敵視することは的外れといわなければなりません。右差別は誠に不当であります。

右のように最高裁の人事行政は、その手続きが、人事の秘密をたてにした誠に不鮮明なものであり、意識的に不当な差別人事をすることにより裁判官統制を行なおうとするもので、卑劣であるとの非難も強ち不当とはいえない気がいたします。そうなると、司法の独立は、司法行政当局との関係では無意味となったとさえ極言できるのではないでしょうか。さらに、一言推測することを許して貰えば、右のような施策が果して最高裁裁判官会議における真摯な検討と確固たる意思によるものかどうかについて疑問が存することであります。若し、右会議が個々の裁判官につき熟知していないことなどを理由に、事務総局に一任という形で処理されているとしたら、事は重大であり、新しい裁判所自治の趣旨は根底から破壊されているとさえいえるのではないでしょうか。

司法の危機を脱し、裁判の独立を確保するために

裁判の独立は、畢竟個々の裁判官の自覚により守らなければならないこと当然でありますが、右に述べたような司法施策が、裁判官の出世欲を誘い、裁判官に最高裁の思惑に気を使い、判例に盲従させ、司法行政上の主体としての意識を喪失して、単に管理の客体としての意識しか持たせず、裁判官同士の間を断絶させて、裁判所の本来持つべき自由濶達な雰囲気を壊し、結果として裁判に対する誇りと情熱を失わせることを助けてはいないかを危惧するのであります。

そこで、私は、裁判所が危機的であるという状況を脱するためには、司法行政上次のような対策が是非必要であると思います。

第一に裁判官の生活の面では、まず、最高裁が管理者的発想を転換して、裁判官の生きている土壌を素直に見すえ、そのうえでの施策を講ずることであります。そのためには裁判官の節度ある市民生活を十分保障すること、裁判官を信頼し、自律的モラルの養成に努めることが肝要です。つけ焼刃的な、上からの説教の建前論に終始するような研修などはその効果がないことを知るべきであります。また、前にいろいろ触れましたように、裁判官の転任についても、これを改めて見直し、裁判官が地に足をつけて裁判をすることが出来るようにすべきであり、また、いやしくもこれを裁判官統制の具に共するようなことがあってはならないと思います。

つぎに、先に申し上げた人事行政の点ですが、その方針を転換し、主体、手続を明確にし、裁判官を安んじて独立して裁判を行なうことができるようにしなければなりません。最高裁裁判官会議は、私の先の疑念に当っている点があれば、是非改善して貰わなければなりません。任地、報酬両面において、その重要性にかんがみ、いやがうえに慎重に取扱っていただきたいのです。個々の裁判官についての情報は事務局の収集に待たねばならぬにしても、人事の根幹となる大綱については、真摯な検討をし、事務局にその指示をすべきであると思うのです。私の考えるところでは、最高裁裁判官会議に裁判官の昇給議案がかかるとき、昇給すべき裁判官についてのみでなく、同期の裁判官で昇給しない人についても報告し、その差別が生じた理由が明示され、その是非について討論されるということは是非必要だと思うのですが、果してそのような審議が行なわれているのでしょうか。私の知る限りではそうでないようです。それから、私が前に昇給決定の基準にしてはならないと述べたような基準を用いることを是認して、予め事務局に指示されていることはよもやないと思いますが、万一そうでないとすれば大変です。是非今一度考え直していただかねばなりません。人事行政は司法の独立にとってほんとうに大切なことであることを重ねて強調したいのです。同じことになりますが、行政優位の取扱いは絶対にやめて貰わなければなりません。裁判所は裁判をする所なのです。現場裁判官尊重の気風を促進していただかねばなりません。

ここで、従来行なわれている人事行政の資料としての勤務評定について一言申し上げたいと思います。その手続や基準の実態は不明ですが、若し勤務評定が是非必要としても、少くとも、複数のルートによる評定が必要であり、裁判官の思想信条を基準として用いてはならず、基準として裁判官の自律性を挙げることが必須であり、事件処理の事務能力、特に迅速性は、その実態を見極めたうえで基準とすべきであるという諸条件を具えていなければならないと思いますし、現在行なわれている部総括―所長、高裁長官―最高裁というルートでの評定は、法制度上不当であり、下級裁裁判官会議の関与が絶対必要であると信じます。

その他、裁判官の格付けの簡素化、高裁長官、所長を下意上達の機関として位置付けるよう再検討すること、裁判官が各自司法行政の主体である意識を持ち、裁判官会議の活性化を図ることが大切であることは、さきに述べたところから明らかであると思います。

最後に、人事行政が、その手続及び基準が出来うる限り公表されて明瞭な形で行なわれることが、司法の民主化のために是非必要であることを提言したいと思います。

以上あまり組織だって説得力のある見解を述べることができず、また、今迄申し述べたことは、すでに諸先生方のお述べになっていることを重ねて申し上げたことが多く、あまりご参考にならないのではないかと存じ、恐縮でございますが、私が奉職中感じたことを率直に申し上げた積りでございますので、それでご寛容いただきたいと存じます。

長い間ご清聴いただき、ありがとう存じました。

【資料5－B】毎日新聞朝刊一九八七（昭和六二）年三月一一日付

青法協元会員や懇話会員

裁判官報酬に格差――同期で月12万円も「思想差別明らか」

元高裁判事が実態調査

　最高裁も明らかにしていないわが国の裁判官の報酬実態と昇給基準について、元大阪高裁判事で昨年二月に退官した環直弥弁護士（東京第二弁護士会）が在籍二十年以上の判事を対象に調査したところ、同期でも昇給間隔が七年半以上、月額で十二万円余りもの差があることが十日までにわかった。法律専門誌「法と民主主義」最新号で調査の一部を紹介した同元判事は、「裁判官の自主的な研修組織の全国裁判官懇話会参加者や、青年法律家協会の元会員だったというだけで意識的に不当な差別を受けている」と分析。最高裁は「昇給などについては最高裁判官会議で適正に決められている」としているが、初めて明らかにされた報酬格差は在野法曹界や学者から「思想、信条による差別で、最高裁自らが裁判官の独立を侵すものだ」との批判を強めている。

　裁判官の報酬は、法で在職十年以上の判事が八ランク、十年未満の判事補が十二、簡易裁判所判事が十七の各ランクの号報酬月額を定めている（高裁長官以上は別途規定）。

　環元判事は知人らの協力も得て昨年一月から全国の裁判官のうち昭和三十二年任官の九期から同三十八年任官の十五期まで計十五人の裁判官に回答を求め、他の裁判官にも実情を尋ねた。

　調査の結果、月額報酬七十万九千円（昨年一月一日現在）の判事四号までは、長期の病欠などがない限り昇給差はないが、一ランク上の判事三号（月額八十三万一千円）から格差が出始め、一般的には最高裁は高裁勤務者、大都市の地裁裁判長などが任官二十二年目の四月に三号になり、残りの中、小都市の裁判長クラスは十月に、地裁支部や家裁勤務者も加え、同期の大半が在籍二十三年目の四月には同号になるのに、いつまでたっても昇給しない人も。

今回、具体的回答を寄せた十五人（うち三人は退官）は全国裁判官懇話会の世話人が三人、青法協元会員が十三人（一人は双方に重複）。

この十五人を一般状況と比較すると、全員が同期トップ組より遅れ、いずれも二十二年以上の在職なのに三号への未昇給者は三人。また昇給時期では、最も遅れたのは同期トップより七年六カ月で、五年、四年、三年遅れが各一人など。二年、一年九カ月遅れの各一人は退官前日に昇給。

また①最高裁事務総局や東京、大阪の裁判所の行政、労働部などいわゆる司法行政上の中枢に配置されていない②家裁勤務が著しく長期化し、小規模支部ばかり回らされる――など「報酬の差別は任地の差別に符合している」との実態も明らかになった。環元判事は「回答を寄せた十五人はいずれも人格、識見、実務に優れており青法協加入や懇話会活動を理由にした思想差別は明らか」と断定している。

青法協は加藤一郎・元東大学長ら大学教授や弁護士が発起人となり昭和二十九年に発足。裁判官部会には一時期全国で二百人を超す裁判官が参加。しかし「政治的色彩が強過ぎる」という批判が高まり、会員は減少、五十九年一月、同部会が分離独立を表明、解消した。また全国裁判官懇話会は最高裁が宮本康昭判事補（当時）の判事任官を拒否した四十六年に結成。裁判所や裁判官のあり方などを話し合う会として一年ないし二年に一回会合を開き、現在も毎回二百人前後が参加している。

＊　＊　＊

思想による差別ない

最高裁事務総局・桜井文夫人事局長の話　裁判官の俸給は経験年数や実績に基づき最高裁裁判官会議で適正に決定されている。任官後三十年もたてば俸給にある程度の違いが出るのは当然で、全部一律にするという理屈はどこの世界でも通らない。ただし、裁判の内容や思想・信条などによる差別は断じてなく、任地についても所属長に意見を求めたうえで決めている。

【資料6】　横浜事件再審

横浜事件とは、昭和一七年九月から昭和二〇年五月にかけて、神奈川警察部特別高等課（いわゆる「特高」）が、日本共産党再建準備会が秘密裏に結成されたとの構図のもと、研究者・編集者・ジャーナリストなど約五〇名を治安維持法違反で検挙し、拷問を加えて自白調書をとり、これに基づいて横浜地検が三五名を横浜地裁に起訴した最大級の治安維持法違反事件である。横浜地裁の裁判は、日本の敗戦が確定した昭和二〇年八月一五日を跨いで行われ、判決は、同年八月二九日、三〇日、九月一五日に言い渡されている。執行猶予付きの有罪判決であったが、その言い渡し直後に、GHQによる戦争犯罪訴追を恐れた関係者の手によって、その公判記録が全て焼却されてしまった。環さんがその場面を目撃したことが、本書に出てくる。

この事件は、もともと拷問による虚偽自白しかないという完全な冤罪事件であるが、記録が残っていないことと、戦後治安維持法が廃止されたことから、再審請求が困難を極めた。環さんは、第一次、二次再審が棄却された後の第三次再審から関わった。元中央公論編集者の妻ら元被告人五名の遺族が平成一〇（一九九八）年に申し立てた第三次再審請求で、横浜地裁は平成一五（二〇〇三）年四月に再審開始決定をし、東京高裁の抗告棄却で再審が開始された。その再審手続において、弁護人側は、公判で正式な証拠調べをした後の無罪判決を求めたが、裁判所は、平成一八年二月九日に免訴という形式的判決をした。

【資料6－A】は、第三次再審請求理由のうち、環さんが主に担当した「確定判決の復元」の部分と、その事実誤認に関する主張部分をまとめたものである。

【資料6－B】は、第三次再審請求の免訴判決直後の弁護団会議における環さんの報告である。

【資料6－A】法律時報七四巻六号（二〇〇二年）九九～一〇四頁

小特集……横浜事件第三次再審請求

拷問によるゆがんだ事実認定・誤判

環　直彌

はじめに

本稿においては、横浜事件の第三次再審請求事件における再審理由の一つである「請求人である元被告人（以下元被告人の遺族が請求人である場合も請求人という）らの確定判決認定の犯罪事実は、警察官の拷問によりまたはその影響下において強制的に作成された虚偽自白のみによって認定されたもので、事実誤認であり、請求人らが無罪であることは、新証拠によって明らかであるから、旧刑事訴訟法四八五条六号所定の「有罪ノ言渡ヲ受ケタル者ニ對シテ無罪……ヲ言渡スベキ明確ナル證據ヲ新ニ發見シタルトキ」に当たることを再審請求書に基づいて紹介することとする。

一　横浜事件と第三次再審請求に至る経過

まず本論理解のために、横浜事件と第三次再審請求にいたる経過について、簡単に説明する。

横浜事件とは、神奈川県警察部特高課が、その独自の構想に基づいて、戦時中の昭和一七年九月一一日から昭和二〇年五月九日までの間、約五〇名に及ぶ言論、出版人を一連の治安維持法違反として検挙し、うち三三名が起訴され、うち三二名に対し昭和二〇年七月二五日から同年九月一五日までの間に横浜地方裁判所が有罪判決を言い渡し（うち二名は上訴して免訴判決）、うち一名は、後に免訴判決を言い渡した事件であり、ほかに獄死三名釈放直後病死一名が出た。

特高当局の構想した事件の内容（特高月報昭和一九年八月分による）は、おおよそ①米国共産党員事件、②ソ連事情調査会事件、③日本共産党再建準備会グループ事件、④政治経済研究会事件、⑤改造社ならびに中央公論社内左翼グループ事件、⑥愛政グループ事件に分かたれる。

横浜事件については、同事件の元被告人らは、再審を強く望んでいたが、訴訟記録の存在不明などの事情のために請求ができないでいたが、昭和六一年七月三日ついに第一次再審請求をするに至った。請求人は、木村亨（③・⑤）、青山鉞治（⑤）、小野康人（③・⑤）、川田壽（①）、川田定子（①）、小林英三郎（⑤）、畑中繁雄（⑤）、平館利雄（②・③・満鉄）、和田喜太郎（①）（括弧内の番号は、前記の横浜事件グループを表す。以下同じ）で、再審理由は、おおむね本稿の理由と同じである。裁判結果は、横浜地方裁判所の昭和六三年三月二八日棄却決定、東京高等裁判所の昭和六三年一二月一六日抗告棄却決定（青山鉞治、和田喜太郎を除く）、最高裁の平成三年三月一四日特別抗告棄却決定（前同）であった。次いで、小野康人が、平成六年に第二次再審請求したが、再審理由が本稿と関連が薄いので詳細は省略する。

二　第三次再審請求

第一次再審請求が棄却された後、請求人らは平成七年から第三次再審請求を準備し、平成一〇年八月一四日、木村亨（③・⑤遺族）、小林英三郎（⑤遺族）、板井庄作（④）、勝部元（④）（④）、由田浩（④遺族）（④）、高木健次郎（①遺族）（④）、平館利雄（遺族②・③・⑤・満鉄）および畑中繁雄（⑤）の八名が横浜地方裁判所に再審請求をしたが、平成一二年四月二〇日、勝部元および畑中繁雄は、死亡のため請求を取り下げた。

再審理由は四項に及ぶが、本稿で取り上げる理由は、その一つである。

三　確定判決の不存在と復元

1　確定判決および訴訟記録の所在不明

再審請求は、確定判決の誤りの是正を求めるものであるから、確定判決の存在が必要であり、旧刑訴も再審請求に確定判決の謄本の提出義務を定めている。

ところが、第三次再審の請求人六名については、いずれも確定判決および訴訟記録の存在が明らかでない。また予審終結決定も木村亨、板井庄作、高木健次郎三名につき存在するに過ぎない。

そして、その他の横浜事件により判決を受けたもののうち、確定判決またはその謄本の存在が明らかなものは、小野康人（③・⑤）、白石芳夫（④）、西沢富夫（②・③）、小森田一記（⑤）、小川修（④）、益田直彦（②）、手島正毅（満鉄）、和田喜太郎（④）の八通に過ぎず、また、予審終結決定またはその謄本の存在が明らかなものは、小野康人、白石芳夫、細川嘉六・相川博（③・⑤）、森數男（④）、西尾忠四郎（③・満鉄）、畑中繁雄（⑤）の六通があるに過ぎない。

横浜事件の弁護人の海野普吉弁護士や第一次再審請求の弁護人らの努力により、本件判決および訴訟記録の保管責任庁である横浜地方検察庁や横浜刑務所等から前記の確定判決謄本を入手することができたが、その他の判決および訴訟記録は司法官庁には存在しないということであり、判決言渡し当時の事情にかんがみると、裁判所あるいは検事局が故意に確定判決の存在を不明にしたことを推認せざるを得ない。第一次再審請求事件の第一審決定も、「太平洋戦争が敗戦に終わった直後の米国軍の進駐が迫った混乱時に、いわゆる横浜事件の事件記録は焼却処分されたことが窺われる」と判示し、明らかにではないけれども、司法官庁の焼却処分を認めたと見られる。

このような事態を招いた国家の責任は重大であるが、このような場合、判決および訴訟記録の不存在を再審請求人の不利益に帰せしめてはならないのであり、したがって、判決謄本の提出義務を課すべきでなく、再審を担当する横浜地方裁判所は、自ら確定判決の復元に努めるべきであるが、請求人において判決を復元した場合においては、復元方法に一応の合理性があり、その内容において再審理由の有無の判断に最低限必要と思われる事項が充足していると認められる以上は、これに本件判決と同様の価値を認めるべきである。

2　確定判決の復元

㈠　確定判決認定の犯罪事実の推認と復元

いわゆる横浜事件に関し、訴訟資料が現に存在することが明らかな被告人について、訴訟資料をつぶさに検討すると、確定判決および予審終結決定の両者が存在する場合（小野康人および白石芳夫）には、確定判決の認定する事実は、予審終結決定の認定する事実および特高月報昭和一九年八月分記載の犯罪事実とほとんど合致することが認められ、確定判決のみ存在する場合（西沢富夫、小森田一記、小川修、益田直彦、手島正毅および和田喜太郎）には、確定判決の認定する事実は、前記特高月報記載の犯罪事実にほとんど合致し、予審終結決定のみ存在する場合（木村亨、畑中繁雄、細川嘉六、相川博、森數男、板井庄作、高木健次郎および西尾忠四郎）には、予審終結決定の認定する事実は、前記特高月報記載の犯罪事実とほとんど合致することが認められる。

また、前記特高月報の表示する各グループのうち同一のグループに所属するとされている者についての確定判決あるいは予審終結決定の認定事実は、相互に同一であるか、あるいは部分的に重なり合っており、いずれも右特高月報記載の事実を越えるものではない。

右にかんがみると、本件請求人らのうち予審終結決定しかないものについては予審終結決定および前記の特高月報の記載、また予審終結決定すらないものについても前記の特高月報の記載と、右特高月報において同じグループに属するとされた他の被告人の判決あるいは予審終結決定認定の事実を合わせ総合すると、確定判決認定の事実をほぼ完全に推認することができると思われる。

そこで、第一次および第三次再審請求事件の弁護人は、右の方法により確定判決の犯罪事実を推認して復元した。

木村亨については、同人に対する予審終結決定を主たる根拠とし、前記の特高月報および右特高月報において同人が所属するとされる「党再建準備会グループ」および「中央公論社グループ」所属とされる細川嘉六・相川博の予審終結決定、益田直彦および西沢富夫の各判決、西尾忠四郎の予審終結決定、ならびに小野康人の判決および予審終結決定を参考にし、確定判決認定の犯罪事実は、同人に対する予審終結決定と同一であると推認して復元した。

小林英三郎については、前記特高月報において同人が所属するとされる「改造社グループ」所属とされる小野康人の判決、相川博の予審終結決定を検討したけれども、小林英三郎の具体的犯罪行為はまったく現れない。しかし前記特高月報によれば、小林英三郎が、昭和一六年九月ころから、特に「改造時局版」の編集活動に関し、他の改造社の編集部員と提携して、満鉄系共産主義執筆者を動員して大衆啓蒙に努めたことが認められるので、確定判決の認定事実もこの事実に限られるものと推認して復元した。

板井庄作については、板井庄作の予審終結決定を根拠とし、前記の特高月報、前記特高月報において同人が所属していたとされる「政治経済研究会グループ」所属とされる小川修、白石芳夫および和田喜太郎の各判決ならびに高木健次郎、森數男および白石芳夫の各予審終結決定を参考にし、板井庄作の確定判決認定の犯罪事実は、同人の予審終結決定認定の事実と同一であると推認して復元した。

由田浩については、前記の特高月報、前記の特高月報において同人が所属していたとされる「政治経済研究会グループ」所属とされる小川修、白石芳夫および和田喜太郎の各判決ならびに高木健次郎、森數男、白石芳夫および板井庄作の各予審終結決定を参考とし、確定判決認定の犯罪事実を推認して復元した。

高木健次郎については、同人の予審終結決定を主たる根拠とし、前記特高月報、前記特高月報において同人が所属していたとされる「政治経済研究会グループ」所属とされる小川修、白石芳夫および和田喜太郎の各判決ならびに森數男、白石芳夫および板井庄作の各予審終結決定を参考にし、確定判決認定の事実は、同人の予審終結決定認定の事実と同一であると推認して復元した。

平館利雄については、前記の特高月報において同人が所属していたとされる「党再建準備会グループ」、「ソ連事情調査会」および「満鉄グループ」に共通して所属し、その犯罪事実としての行動が平館利雄と形影相伴うがごとく取調官によって構想されたものと認められる西沢富夫の判決を主たる根拠とし、いずれも右各グループ所属の細川嘉六および相川博、木村亨および西尾忠四郎の各予審終結決定、益田直彦の判決ならびに小野康人の判決および予審終結決定を参考にし、確定判決認定の犯罪事実を推認して復元した。

㈡　確定判決挙示の証拠の推認と復元

現在存在が明らかな確定判決挙示の証拠は、いずれも被告人（共犯者を含む）の供述のみであるから請求人らの確定判決についても同様であると推認して復元した。

㈢　確定判決摘示の罰条の推認と復元

現在存在が明らかな確定判決の罰条は、いずれも治安維持法一条後段、一〇条であるから、請求人らの確定判決についても同様であると推認して復元した。

㈣　復元確定判決の価値

右各復元判決は、確定判決と同一の内容を有すると認めるべき要件を満たすものと認められるから、これに確定判決と同価値を認め、これに基づき再審理由の有無を判断すべきである。

第一次再審請求の第二審決定は、例えば木村亨に関し、「予審終結決定の中で認定された事実と原判決が認定した事実とが同一であるとは必ずしも断定し得ないとしても、後者が前者以外の事実を認定していたものとは考えられないし、また、いわゆる横浜事件の他の被告らに対する判決謄本の写し等に照らすと、原判決もその事実を認定するについて、少なくとも木村亨の捜査段階、予審終結決定及び公判における供述中のある部分を証拠に採用していたのではないかと思われる」旨判示し、また、他の請求人らに関しても、ほぼ右と同旨の判示をしており、おおむね右復元の方法を是認しているものと解される。

四　確定判決の認定事実および証拠

1　認定事実

右確定判決は、通じて「請求人が、共産主義を信奉するに至り――「コミンテルン」が世界「プロレタリアート」の独裁による世界共産主義社會の実現を標榜し世界革命の一環としてわが國に於ては革命手段により國体を變革して私有財産制度を否認し「プロレタリアート」の獨裁を通じて共産主義社會の實現を目的とする結社にして日本共産黨は其の日本支部としてその目的たる事項を實現せむとする結社なることを知悉し乍ら孰れも之を支持し現下の情勢に鑑み自己の職場の内外を通して一般の共産主義意識の啓蒙昂揚を圖ると共に左翼組織の擴大強化を圖る等前記両結社の目的達成に資せむと企圖し――等諸般の活動を為し以て「コミンテルン」及日本共産黨の目的遂行の為にする行為をなしたるものなり」旨判示して、請求人らが共産主義者であり、その研究活動、出版活動等の行動をすべて「コミンテルン」、「日本共産党」の目的遂行の為にする行為であると認定している。

2　証　拠

右確定判決の挙示する証拠は、請求人ら（共犯者を含む）の自白のみである。

本件各判決の認定する犯罪事実は、治安維持法一条後段あるいは一〇条所定の「国体を変革することあるいは私有財産制度を否認することを目的とする結社「コミンテルン」あるいは「日本共産党」の目的遂行のためにする行為を為した」ということであるから、請求人らの本件犯罪の成立要件として、請求人らの行為自体の右の客観的性格のほか、請求人らの右結社の右性格に対する認識およびその目的遂行の意思（以下主観的要件という）があることが必要であることはいうまでもない。そして、本件各判決が請求人ら（共犯者を含む）の供述証拠のみを証拠として挙示していることから考えると、右供述証拠は、請求人らの行為のほか、右主観的要件の存在を認めた内容のものであると推認される。

五　確定判決の事実誤認

確定判決後、確定判決挙示の各証拠は、いずれも警察官の拷問によりまたはその影響下において作成されたものであって、信用性がないことを明らかにする新証拠が続々と現れ、確定判決挙示の証拠によっては右事実の認定はできないことが明らかになった。

1　そこで、この間の事情を木村亨の場合を一例にとって詳述する。

以下の記述は、昭和二二年四月にいずれもいわゆる横浜事件により検挙された木村らが同人らの取調べに当たった特高警察官らを告訴するに先立って木村が執筆した口述書およびその後同人が昭和五七年一二月に出版した著書である『横浜事件の真相』ならびに横浜事件関係者らの著作記載によるものであるが、右各証拠は信用性があり、特に木村亭の発言は、具体的詳細で、迫真性に富むものであり、信頼性が高い。

㈠ 警察官の拷問

木村は、昭和一八年五月二六日、神奈川県警察部特高課員により検挙され神奈川県警察部山手警察署に留置されたが、その後、同特高課員の拷問を受けた。

木村は、まず逮捕当日の昭和一八年五月二六日の午後五時ころから、山手警察署二階の取調室に引き出され、床に土下座させられて、神奈川県警察部特高課員柄沢六治警部補、佐藤兵衛巡査部長以下八名くらいの特高刑事の拷問を受けた。特高刑事らは、両手を後手に縛られて手錠をかけられた木村に対し、柄沢の「きさまのような共産主義者を生かしちゃ帰さぬからそう思え」という言葉や、佐藤らの罵声を合図に、交々手にした竹刀、竹刀（束ねた紐が外れ、先がバラバラになったもの）、こん棒、泥靴などで、木村の頭、顔、背中、膝、手足などところきらわずめった打ちにし、殴りつけ、また蹴りつける、という暴行を働いた。そして右暴行の勢いで横倒しにされた木村の顔を靴で踏みつけ、意識もうろうとなった木村の右手首をつかんで、柄沢において作成した「私は共産主義者であります」と記載されたワラ半紙に同人の指印をさせ、「これでよし。この野郎、あとで文句を言ってみろ、ほんとに殺してもかまわぬのだからそう思え」という捨て台詞を言って、約一時間にわたる同日の「取調べ」を終えた。そのため、全身の疼痛が激しく、激しい発熱があった。

翌五月二七日には森川清造警部補が主任となって、赤池巡査部長とともに、午前一〇時ころから約一時間にわたり、昼間から黒いカーテンをおろした取調室において取調べが続行された。森川が、「きさまの取調べは俺がやることになった。きさまのような共産主義者は殺してもかまわんのだ。さあ、きさまらが泊でやったことを正直に申し上げろ！　きさまらは泊で共産党の再建会議をやったろう」と木村に申し向けた後、森川の合図で木村の上着とズボンをぬがせ、両手を後手に縛って手錠をかけ、床に並べられた直径約五センチ、長さ約五〇センチほどの丸太七、八本の上に正座させたうえ、一人の刑事が同人の膝の上に飛び乗ってこれを踏みつけた。木村が「去年の泊旅行は出版記念会だ、共産主義者の会なんかじゃない」と必死に否認すると、森川は、「きさまがまだそんな寝言を言うのなら、こちらが言わせてやるから覚悟しろ」と言って他の刑事たちに合図し、五、六人の刑事たちが、前記と同様の凶器や、ロープの束、椅子の壊れたものなどをもって、木村の顔、頭、背、腹、手足など全身を殴りつけたり、蹴ったりした。

木村は右拷問のために失神し、全身みみず腫れになり、痔疾が悪化して多く出血した。

同年五月三〇日午前一一時、前同所において、森川、赤池両名の取調べを受けたが、森川が、「この聖戦下によくもやりやがったな」と言うので、木村が、「何ですか」と聞き返すと、木村に対し、竹刀のバラで顔面、頭を目茶苦茶に殴りつけ、泥靴で頭を踏みつけ、「貴様のところの細君が弁当を持って来たが、こんなものは食わせるわけにはゆかん、見ておれ」と木村の目の前で自ら弁当を食べてしまった。

同年八月六日、午後八時ころ同警察署特高室右隅土間において、森川および荒木巡査部長両名により取調べが行われた。森川は、木村に対し、「この野郎、よくも黙っていやがった」「生かしちゃおかんから覚悟を決めろ」などと脅迫し、こん棒、竹刀のバラなどを手に、木村を素裸にして角のついたこん棒を横に並べた上に正座させ、全身真っ黒に腫れ上がって歩行困難になるまで暴行すること約二時間に及んだ。監房に帰された時は、さすがの看守もびっくりして、同房の人びとがバケツに水をくんで木村の身体を冷やすことを許可した。発熱疼痛はなはだしく、出血もあった。衣類は泥まみれになり、所々が引き裂かれていた。

同年八月末日の午前一〇時ころ、同警署二階取調室土間において、森川、佐藤、赤池および荒木ら七、八名の取調べを受けた。森川は、「泊の党再建会議で何をしとった。名和統一と会ってどうした。党の組織を言え、言わぬと殺してしまうぞ」と言って、木村を裸にして縛り上げ正座させた両足の間に太いこん棒を差し込んだうえ、膝の上に乗っかかりグイグイ腿に食い込むところを見はからって、ロープ、竹刀、こん棒で全身をひっぱたくこと約一時間に及んだ。そのため、疼痛はなはだしく、全身にわたって黒く腫れ、半失神状態で監房に帰って横臥した。

㈡　手記・尋問調書の信用性

当時の状況の下では、特高刑事の「きさまのような共産主義者は殺してもかまわぬのだ」というような言葉は、単なる脅し文句ではなく、実際に木村に生命の危機を感じさせるものであり、そのような言葉とともに加えられる暴行の態様も生命の危険を感じさせるような激しいものであって、木村は、「取調べ」の最初の段階でこのような拷問を受け、さらに、昭和一八年一二月三一日までは、森川が、「検事の命令だ、許可はいらぬ」と言って差し入れをも禁止されるという圧迫を加えられ、遂に苦しみに耐えかねて、事実を歪曲し、木村の行為をことさら共産主義と結びつけ、木村が、共産主義者であり、その行動がすべて「コミンテルン」あるいは「日本共産党」が国体を変革することおよび私有財産制度を否認することを目的とする結社であることを認識しながら、その目的遂行のためにしたものであることを強制的に認めさせられ、相川博らの先行する手記を引き写すという形で、警察の意に沿うその旨の「手記」の執筆を強いられ、続いてこのように強制された「手記」に沿った調書をとられたのである。

以上に述べた経緯、事情から明らかなように、右「手記」および警察官作成の訊問調書の各記載は、警察官の拷問の結果作成されたもので、木村が真に認めたものでもなく、また、客観的事実に反するものであるから、その信用性はまったくない。

㈢　その後判決に至るまでの経過

その後、木村は、検事の取調べを受けて起訴されたうえ、続いて予審判事の取調べを受けて昭和二〇年八月二七日予審終結決定を受け、同年九月一五日公判が開かれてただちに判決が言い渡されたものである（なお、木村は、昭和二〇年九月四日保釈された）。

ところで、検事の実質的な取調べは無きに等しい。さらに、予審における訊問調書があるにしても、実質的な審理に基づくものではなく、警察官の訊問調書を引き写したようなものに過ぎず、木村も再度の警察官による拷問を恐れて右の措置を認めたものというべきであり、その信用性はまったくないものといわなければならない。

さらに、海野普吉著『ある弁護士の歩み』、『弁護士海野普吉』中の松岡英夫および高木健次郎の各執筆分および木村亨著『横浜事件の真相』によれば、本件の公判も、前記のように予審終結決定後間もなく、同時に平館利雄、西沢富夫、西尾忠四郎、相川博、小野康人および加藤政治の六名と同時に開かれ、実質的な審理もなく形式的に行われたものであって、公判廷において木村が供述を行ったかあるいは事実を認めたかも疑わしく、いわんや最も重要な証拠である木村の自白が前記のような拷問によるものであるなどの事情など、その信用性についての審理はまったく行われない状況で結審され、即時判決が言い渡されたものである。しかも、前記証拠によると、当時は、内務省においても司法省においてもなお思想犯罪の取締まりを続ける旨公言していた状況にあって、事実を否認することによってまた身体の拘束を受けて厳しい取調べを受ける虞れもあり、また、木村は、本件公判前、予審判事から、泊の件ははずすから、妥協してくれという趣旨の話をされるとともに、木村らが身体が衰弱していることを心配し、一日も早く木村らの執行猶予の判決を得て事件を終わらせたいと希望する海野普吉弁護人と、敗戦により動揺し、右同様の結論にしたいという裁判所との合意があったことが窺われるのであって、木村は、右のような状況下において右弁護人の説得によって右のような訴訟進行にやむなく同意したという事情があったことが認められるのであり、右のような事実に徴すると、たとえ右公判において、木村が形式的に事実を認める発言があったとしても、それは、畢竟警察官の前記のような拷問および前記のような事情の影響によってなされたものであると認められるから、その信用性はまったくない。

2　その他の請求人らも、その作成した信用できる口述書等によれば、右とほぼ同様の拷問を受け、右同様の自白調書を取られたこと、その後判決に至る経緯が、木村亨の場合とほぼ同様であったことが認められる。

3　元特高警察官の有罪判決

請求人らいわゆる横浜事件の被検挙者三三名は、昭和二二年四月、同人らを取り調べた元松下英太郎警部、同柄沢六治警部補（後に警部）および同森川清造警部補を含む元・現神奈川県警察部・警視庁の警察官三〇名を横浜地方裁判所検事局に対し、特別公務員暴行傷害罪等により告訴したところ、右松下英太郎、柄沢六治および森川清造の三名が横浜地方裁判所に特別公務員暴行傷害罪により起訴され、同裁判所は、昭和二四年二月二五日、右三名に対し、部下の司法警察官数名と共謀していわゆる横浜事件関係者の益田直彦に対し暴行陵虐の行為をなし、傷害を負わせた事実を認定して松下英太郎に対し懲役一年六月、柄沢六治および森川清造に対しそれぞれ懲役一年に処する旨の判決を言い渡し、同人らが控訴したが、東京高等裁判所は、昭和二六年三月二八日、右三名に第一審判決と同じ事実を認定し、同じ刑を言い渡し、同人らはさらに上告したが、最高裁判所は昭和二七年四月二四日上告棄却の判決を言い渡し、ここに右有罪判決は確定した。

ところで、右判決は、右益田直彦に対する関係のみで事実を認定しているけれども、当時の特高刑事は、被疑者に対する個人的怨恨などに基づいて暴行を働いたのではなく、いわば使命感に基づいて組織的に拷問を取調べの手段に用いたものである以上、柄沢六治、森川清造両警部補らが、益田直彦以外の被疑者に対しては暴行を振るわなかったと考えることは到底できないのであり、いわゆる横浜事件の被検挙者全員に対して右同様の拷問が行われたことは明らかに推認することができる。そして、松下英太郎警部等に対する前記の告訴事件に際して右関係者が執筆した「口述書」三一通および板井庄作作成の「警察における拷問について」と題する書面によっても右事実が裏づけられる。

そして、右の有罪判決の認定事実の判示からも、右の暴行が神奈川県特高の組織を挙げての行為であることが窺われるのであり、右判決は、前記のように、右のような拷問が、いわゆる横浜事件の益田直彦以外の被疑者に対しても加えられたことを明確に認定する証拠になっていると思われる。そして、前記の第一次再審請求事件における木村に対する第二審決定のように、「請求人（木村）に対しても拷問が行われたのではないかとの疑いを否定し去ることはできない」旨実質的に拷問を認める判断をせざるを得なかったのである。

右の有罪判決は、新証拠として、警察官らの請求人らに対する拷問の事実を強く裏づけるものである。

4　以上のとおりで、請求人らに対する前記の拷問を証明するに足る松下英太郎ほか二名に対する前記三通の判決（特に第一、二審の各判決）および前記の請求人らの公判廷の供述に至る特殊な経緯に徴すると、確定判決挙示の証拠は、まったく信用性がなく、これによっては本件判決認定の事実は到底証明することができないといわざるを得ず、そのほかに本件判決認定の事実を認めるべき証拠があるとは認められないのである。

結　語

そうすると、本件は、旧刑訴法四八五条六号に該当し、再審請求は理由があるから、この再審理由のみによっても、同法五〇六条により再審開始の決定をすべきである。

（たまき・なおや　弁護士）

【資料6－B】法と民主主義四〇六号（二〇〇六年二・三月号）四四～四九頁

緊急報告●横浜事件再審判決を受けて

◇二〇〇六年二月二二日　於東京・四谷　日民協全国理事会特別報告から

難題・難問の山を切り崩しながら

弁護士　環　直彌

二月九日、横浜地方裁判所第二刑事部（松尾昭一裁判長）は、戦時下最大の言論弾圧事件といわれた「横浜事件」の再審において「免訴」という判決を言い渡しました。これに対し、横浜事件再審弁護団は、後記のような声明を発表いたしました。また、弁護団としては、ただちに東京高等裁判所に控訴をいたしました。この事件は何ヵ月かあとに第二審の審理が始まることになると思います。われわれは従来、無罪の判決をすべきであると強く主張しておりましたので、その主張をさらに裏付けるための法理論、対抗策を考えなければいけません。弁護団としては、ここ二～三ヵ月かけて、第二審でどういう方針で弁護するかということを検討するスケジュールになっております。

今日、皆さんは、弁護団としての今度の横浜地裁の判決に対する考え方、これから第二審に臨むにあたってどういう方針で弁護をするのかということについて非常に関心をお持ちで、私の口からそれを聞きたいとお考えだろうと思います。しかし、いま申し上げたように第二審の弁護方針について検討中であり、まだ弁護団の意見を申し上げる段階ではありません。弁護団全体の意思としても、今の段階で個人的な見解の表示はしないでおこうということになっております。

ただせっかくお話しする機会を与えていただきましたので、この横浜事件の再審開始の決定が確定してから現在に至るまでの弁護団と検察官との法律上の論争の経過について、弁護団はこういう主張をし、検察官はこういう主張をしているという事実を申し上げます。判決要旨も報道機関用で、請求人や弁護団に宛てたものではないのですが、まだ判決書ができておらず、われわれの手に入っておりません。判決内容がはたしてこの事件についての司法判断として正しいもの、妥当なものであるかどうかということについて、あとで問題点は指摘しますが、皆さんでお考えいただきたいと思います。

再審開始決定以後の難題の数々

横浜事件再審は最初から現在までまったく目新しい問題ばかり出てきます。弁護団としては、その都度、何とかして再審開始をさせたい、再審公判でこの事件の実態を明らかにしたいということで、いろいろな工夫を凝らしてきました。今日は再審開始決定以後の本件特有の難題に絞ってご報告したいと思います。

検察官の二つの主張

再審公判を開始するにあたって、および再審公判が開始されたあとに検察官が主張したのは次の二点です。まず再審公判が始まる前に、検察官は、この事件は公判を開くことなく検察官と弁護人の意見を聞いたうえで判決すべきであるという主張をいたしました。さらに、再審公判が始まってからは右の主張を繰り返すとともに、「本件各被告事件における審判の対象は治安維持法違反の事実である。ところが、同罪については刑が廃止され、かつ大赦がなされているため、本件については速やかに免訴の判決を行うべきであり、実体審理に入ってもらっては困る」ということを主張いたしました。

公判を開くべきか

この第一の点は、今度の判決の結論を出すのに直接にはかかわっておりませんが、検察官の本件に対する態度を知っていただくためには、この問題の事実経過を申し上げるのが妥当であろうと思いますので、申し上げます。

本件は旧刑訴の時代の事件ですので、刑事訴訟法施行法の規定によって、本件の再審は旧刑訴法および応急措置法の二つの法律に従って手続きをすべきものであるということになります。検察官は、旧刑訴五一二条第一項前段には「死亡者又ハ回復ノ見込ナキ心神喪失者ノ利益ノ為ニ再審ノ請求ヲ為シタル事件ニ付テハ公判ヲ開カス　検事及弁護人ノ意見ヲ聴キ判決ヲ為スヘシ」という規定があることをとらえて、この法律によって公判を開かずに判決を為すべきであるということを主張しました。その根拠として応急措置法で規定しているわけですが、応急措置法には、被告人に対して不利益な再審は廃止するという二〇条の規定があるだけで、いま申し上げた五一二条一項前段の規定を廃止するということは定めていない。だから、新刑訴法になるまではこの規定は生きていたということで、こういう主張をしているわけです。

しかも、応急措置法の二条には、個々の条文だけではなく、「旧刑訴法は、日本国憲法等の制定の趣旨に適合するようにこれを解釈しなければならない」という非常に概括的な規定があります。しかし、検察官は、この五一二条一項前段は新憲法、日本国憲法の制定の趣旨に反するものではないと主張するわけです。

それに対して、弁護団として主張した要旨を申し上げますと、結論として、この五一二条一項は、憲法九八条第一項および先ほど述べた応急措置法第二条によって、現憲法下においては効力を有しない。また、応急措置法一一条および一二条にも違反する。この一一条というのは証人審問権、証人喚問権の規定であり、一二条もこれに関連する規定ですが、これらの条文にも反する。したがって、本件で五一二条によって公判を開かないで判決をすることは違憲であり、違法であって、許されないというのが弁護団の結論です。

この理由をもう少しくわしく申し上げますと、応急措置法によって、まず憲法三九条の二重の危険の禁止の法理による不利益再審が廃止になりました。従来は、不利益再審、利益再審の両方を予定した旧刑訴法の規定ですが、これは正義の自己回復装置ともいえるものです。ところが、不利益再審が廃止になったことによって、再審の根本理念が変わった。どういうふうに変わったかといいますと、無辜の救済のための制度であり、被告人のためのデュー・プロセスの制度として生まれ変わったという根本的な理念の変化がそこで生じたということです。

それから、元被告人などが亡くなった場合のいわゆる死後再審についてですが、被告人は亡くなったといっても、有罪の言い渡しを受けたまま死亡した者のための、デュー・プロセスの制度として再審制度が存在意義を持ってきた。

だから、この五一二条が予定している、被告人が死んでしまえば法廷で何もしゃべれないではないかという考え方は間違っている。亡くなった被告人に対してもデュー・プロセスの保障が確保される、そういうふうに変わったということです。

それでは、そういう考え方で手続き上、具体的にどんな権利が保障されるか。公開裁判を受ける権利を定めた憲法三七条第一項の規定を厳格に被告人が享受する。それから、先ほど申し上げたような憲法三七条二項、応急措置法一一条、一二条の証人審問権、証人喚問権等が保障される。そういう権利を保障するためにはどうしても公判を開かなければいけない。公判を開かなければ、こういう権利は保障できないではないかということです。こういうことでこの五一二条一項は憲法の制定趣旨に反するものであり、無効になったという考え方です。

もともと五一二条一項の趣旨は、亡くなった被告人に対しては尋問ができないから公判を開く必要はないという考え方です。旧刑訴法の裁判をご覧になった方は少ないと思いますが、裁判所は被告人を尋問の対象としてしか認めないものであったわけです。だから、公判は被告人の尋問のために存在する。法廷が始まりますと、いまでいう認否があって、すぐに被告人尋問に入り、裁判官がそれまできちんと見ていた記録に基づいて、次から次へ質問をする。それで裁判は終わりなんですね。そういう旧刑訴法の考え方でできていた。学者でこの五一二条の立法趣旨を述べた人はあまりいません。小山松吉さんが『刑事訴訟法』という本で右のような趣旨を書いているぐらいしかない。おそらく私が考えてもそういう趣旨の規定だろうと思います。

ところが、被告人に対するデュー・プロセスの考え方ができた憲法の下では、こういう古い考え方はだれが考えてもおかしい。しかも、新しい刑事訴訟法ではこういう規定はもちろんありません。それは、われわれの考えるところでは、新しい憲法上の制度としては不当だからなくなったのであろうという解釈をしているわけです。

検察官は、新刑訴法は応急措置法ができるころには骨格ができており、新しい訴訟法には右の五一二条のような規定がないということをわかりながら、応急措置法ではこの制度をやめるとは定めていないことは、右条文が新憲法に反しないということを意味するのではないかというわけです。

しかし、この応急措置法というのは、新しい憲法の趣旨に反するものを全部網羅的に取り上げているわけではありません。最高裁で出している書物などにも書かれていますが、新憲法施行上最小限度に必要な規定のみを書いて、あとは先ほど申し上げたような第二条で総括的な規定を置いて、それで旧刑訴法は憲法の趣旨に基づいて解釈し、運用しろということを言っているわけですから、いまのような検察官の主張は当たらないと言わなければなりません。また、弁護人は、憲法八二条二項但し書きで規定する政治犯罪、出版に関する犯罪、かつ憲法三条で保障する国民の権利が問題となっている、本件のような事件については公開裁判を行うというのが、憲法八二条二項の解釈からいっても当然だという主張もいたしました。

さらに、本件につきましては、確定判決が行われた裁判について、いろいろな本にも書かれておりますし、皆さんご存じだろうと思いますが、法廷らしいものはほとんど開かれておりません。もちろん被告人が裁判官の前に行き、「私は〇〇です」というぐらいのことは言ったでしょうが、事実についての取り調べなどはまったくない。証拠の取り調べもまったくない。初めから執行猶予を予定し、すぐに判決するからということで、被告人の弁解などはまったく押しとどめたうえで為された判決で、裁判の名にまったく値しないような裁判です。

だから、今度の再審公判というのは、普通の意味で言うやり直し裁判ではなく、むしろ初めての裁判といってもいいようなものです。本件のそういう特殊性からいっても、本件で公判を開かずに判決するということは絶対に許されない。こういう主張をいたしました。

検察官は、さらに公判を開かないことは憲法に反するものではない、公開の裁判などというのは旧憲法のときからやっていたことであり、先ほどの憲法八二条の問題についても、いわゆる対審、公判が始まってからの規定であって、本件のように公判が始まる前のことについては何ら適用がないと言っています。また、先ほど述べたような、死者に対するデュー・プロセスなどナンセンスであると言ってみたり、われわれの主張に対する反論をしたわけです。しかし、先ほど申し上げたように、検察官の反論はすべてピントはずれでまったく理由がありません。

そういう経過がありまして、公判が始まる前に、裁判所、検察官、弁護人の三者の間でこの問題について協議が行われました。双方意見を述べ合った結果、裁判所は「検事の言うこともわからないわけではない。しかし、本件は特殊な事件だから、一応公判を開いて、弁護人の言うこともよく聞きましょう」と、法律家らしからぬ、変な妥協的なことを言って、結局公判が開かれることになりました。だから、この問題については、公判を開いた最初においても弁護団は公判を聞くべきであるとの意見をまた持ち出したわけです。裁判所は「ご意見として聞いておきましょう」

というようなことで、判決まで何らそのことについて触れなかった。

われわれは、公判を開いてくれるのだからいいが、何と非法律的な裁判所だろうと思っておりましたら、この判決の要旨を見て驚いたことに、被告人五名に対する再審のための公判を「特に」開いたうえ、いろいろ聞いてやったという趣旨のことを書いてありました。「特に」というのは、検察官の言うことが正しくて、われわれの主張が正しくなかったというのか。弁護人は、ずっと公判を開くべきであるということを詳細な憲法の条文などを引いて主張しているのですから、それに対する批判をして、「それは間違っているが、特に開いた」というのならわかりますが、まったく法律的でない意見を述べております。

ことほどさように、この横浜地方裁判所の担当部は法律の精神、法の求めている正義というようなものについての深い考慮を全然示さない裁判所であるということが、この一事をもってもおわかりになろうかと思います。

免訴判断を先行すべきか

第二の検察官の主張である、本件の確定判決のあとで刑の廃止、大赦があったということですが、これはそのとおりです。そこで、検察官が主張するのは、旧刑訴訟法においても、新刑訴法でも同じですが、刑の廃止あるいは大赦についての免訴の判決をすべきであるという規定は再審公判についても何ら排除されていないということです。だから、この条文をそのまま適用すべきであると、これだけの理由で免訴にすべきであるという主張をするわけです。

右主張の裏付けとして、検察官が鬼の首でも取ったように主張したのは、いわゆるプラカード事件についての最高裁判所の大法廷判決です。これは、公訴権が存在しなくなったらすぐに免訴の判決をすべきであって、いわゆる実体判決としての無罪判決などはすべきでない。表面上の言葉からいうとそういう趣旨の判決です。ご承知のように、この判決にはたくさんの裁判官の少数意見がありましたが、多数意見は、たしかにいまのような言葉では言っています。しかし、これを引き合いに出して、本件についてもこの判例がそのまま適用になるから、すぐ免訴の判決をすべきだという主張をしている。その根拠としては、「確定判決をしたときの訴訟と今度の再審公判というのはまったく続いていない、別個の手続きである。確定判決の是非を問うようなものではない。新しい再審公判はまっさらの訴訟手続きだから、このプラカード事件の判決趣旨はそのまま認めなければいけない」という主張をするわけです。

それに対して、われわれ弁護人としては主に二点について反論しています。再審手続きの理念、目的は、再審公判裁判所に対して、誤判の完全な除去および誤判による被害者の権利および名誉回復の義務を課するものである。そうすると、普通の事件と違い、再審公判手続きにおいては、すでに有罪の確定判決があるわけですから、刑の廃止で免訴にすべきだというような訴訟条件が先に判断されるべきであるという考え方は、後退ないし減縮するものであり、むしろ実体判決、いわゆる無罪判決こそ先決性があるという主張をいたしました。

そのうちのまず被害者の権利の問題ですが、一番目の事由は、再審の理念および目的が無辜の救済にあることは明らかで、確定有罪判決によって有罪の刻印を押された無辜の元被告人を救済することが再審手続きの究極の趣旨である。そして、もともと訴訟条件が必要だということは、被告人側に実体審理の負担を免除させることを目的とするものですが、再審公判手続きというのは二重の実体審理の負担を自ら進んで引き受けて、無罪判決を求める被告人に対して開かれるものです。そういうことから、実体審理において無罪を判断しうる場合に、形式的な判断、訴訟条件がないというようなものを先行させるのは、再審制度の趣旨、目的に反することが明らかであるというのが第一点です。

それから、第二に、誤判の完全な除去という点ですが、再審開始があっても、それによって有罪の確定判決が効力を失うわけではなく、これと矛盾する内容の再審判決の言渡し、確定をもって「当然無効の法理」により自動的、理論的に初めて完全に失効するものと解するのが、多くの学説、判例です。本件においては、無罪判決が言い渡されてはじめて確定判決が無効になるといえます。

しかし、いわゆる免訴判決というのは、有罪の場合でも、無罪の場合でもありえますから、決して確定判決の有罪判決と矛盾するものではない。そうなると、免訴判決によっては、当然無効の法理によって前の確定判決が無効になるわけではないと考えるのが正しいと思います。そうすると、確定判決はどうなるのか。法律上の性質としては、そのまま残ってしまうのではないか。そういうことでは、元被告人の名誉回復などということはとてもありえません。また、実体的瑕疵を不問に付する結果となります。

そして、大赦の場合はことさらに変なことが起こる。大赦というのは、有罪の判決を前提にし、有罪の判決を受けたものを勘弁してやるという制度です。そんな有罪を前提にした制度を再審公判に持ってくるということは、刑の廃止の場合にも増して再審公判の性格と矛盾するものであろう。

そういう意味で、免訴の判決というのは、いま申し上げたように、被害者の権利および名誉回復にとっても役に立たないし、誤判の完全除去も考えられないということを主張したわけです。

なお、検察官主張の最高裁判例は通常の上告審における判断であり、再審公判手続にある本件には再審の理念・目的に照らして、全く事案を異にするものであって、適用できないことを主張しました。

検察官は、さらに、確定判決のときの裁判と今度の再審公判は全然別個の手続きなのだから、免訴でいいと言いますが、確定判決が当然無効になるということは全然触れていません。また、免訴の理由がある場合、実体裁判を行うと、何か不届きがあるようなことを言っていますが、われわれとしてはその真意がよくわからないのです。

再審の意義を理解しない判決

そういうような双方の議論がありまして、裁判所としては、判決でそれについての判断を示しましょうということで、こういう判決になったわけです。裁判所は再審というものの性質をよくわかっていないのです。われわれから言うと、検察官の不当な意見をほとんど無批判に容れているのです。

ただ、おもしろいのは、検察官は、「再審の手続きと確定判決の手続きは別個の手続きである」から、再審は確定判決の当否を審理するものではないと言っているのに、判決は、「再審開始があるまでの再審の手続きと、再審開始決定後の再審公判は別個のものである」から再審では「確定判決の当否を審査し、これを是正することを目的とするものではない」としており、検察官の主張を誤解しているように見られることです。

今後の方針

さて、私どもとしては、先ほど申し上げましたように、この判決に批判を含め、無罪を主張して今後も新しいいろいろな法律論を組み立てていくつもりですが、お手元の声明に書いてありますように、この免訴判決は再審制度の理念に反するまったく違法なものであると思われますので、控訴いたしました。免訴判決が正当なものであれば、それに対して無罪を主張して控訴ができるかどうかということはいろいろ議論があると思います。われわれとしては、違法な免訴判決だから控訴できるということで控訴しました。

いま申し上げたような、検察官と弁護団の間の論争を頭に置いてこの判決要旨をご覧になれば、どういう点がおかしいか、われわれ弁護団の主張が正しいかどうかをご判断いただけることと思います。

この度の判決には、一寸あげてみただけでも、前記の最高裁判決の評価、再審公判が確定判決の当否の審査、是正を目的とするものではないとする点、免訴判決によって確定判決が完全に失効し、元被告人の名誉が回復されることになるのかなど、多くの問題点があります。

控訴審になりますと、おそらく旧刑事訴訟法に基づく手続きですから、いまのような控訴審と違って覆審として初めからやり直すことになるだろうと思います。第一審の手続きでは、こういう判決が出るとは夢にも思いませんから、無罪の主張、どういうわけでこういう無罪のものを有罪にしたのか、そのへんの実態を明らかにしようとしました。治安維持法の問題、それと警察の拷問との関係、そういったものを含めて、司法の犯した犯罪、捜査はもちろん、さっき申し上げたようないい加減な裁判をしたことについての司法の責任はどうなるのか、そういう過去を清算しろという主張を詳細にし、それに応じるような証拠調べをしてもらいました。

もちろん、本件が無罪の事件であることは明らかです。免訴という形式的な判断で、しかも法律の精神に基づかない、法が正義を実現するものだという本質をまったく見失った、この判決に対して、われわれとしては右の法律判断の点を中心に控訴審で争って、あくまで無罪をかちとるべきだと思います。さらに、この免訴の判決に対して控訴はできないという控訴審裁判所の裁判が出ないように、その点についても理論構成をやっていこうと思っています。

弁護団としては、具体的な判決内容一つひとつへの反論はまだ申し上げるわけにいきませんが、だいたいの問題所在はおわかりいただけたのではないかと思います。今日は、本来申し上げたいことがこういう判決のために申し上げられなくなって残念です。ご静聴ありがとうございました。

声　明

（二〇〇六年二月九日）

本日、横浜地方裁判所第二刑事部は、横浜事件第三次再審請求事件にかかる治安維持法違反被告事件について、免訴の判決を言い渡した。

ところで、横浜事件の元被告人らは、過酷な拷問によって虚偽の自白を強制され、これらの自白を唯一の証拠として有罪の判決をされたものであって、無罪であることが明らかであり、このことは、すでに昨年三月一〇日の東京高裁決定によっても明確に認定されているところである。

以上のような実体を有する本件の再審公判においては、再審公判裁判所に対し誤判の完全除去及び誤判による被害者の権利及び名誉回復の義務を課するものであるという再審の理念及び目的に徴すると、免訴を言い渡すことは違法であるといわざるを得ず、無罪を言い渡すべきものである。

本件判決は、実質的に見て、検察と一体となって横浜事件の隠蔽を図ったものといえ、特高警察と検察の言うがままに違法な確定判決を言い渡した横浜地裁の行為への反省の姿勢は微塵も見られない不当な判決であるといわざるを得ない。

我々は、かかる不当判決には到底承服できず、ただちに控訴の手続きをとる。

以上

横浜事件第三次再審請求人横浜事件第三次再審請求弁護団

【資料7】生き方を貫くもの

この資料の筆者は、本書の「はじめに」に出てくる三名の自称「環さんの弟子」の一人である。この長大な論文は司法行政全般を体験的に論じたものであるが、その基礎に、環さんたちと行ってきた研究会の成果があることが、その末尾に記されている。そして、その研究会の資料の中に、環さん自身が自らの生き様を語ったものがあったので、最後にこれを添付することとした。

【資料7】判例時報二一四四号（二〇一二年）一七〜四一頁より一部抜粋

司法行政について（下）

西　理

（前略）

第七　あとがき

一　私は、初任地の横浜地裁でその後裁判官懇話会の世話人となられた環直彌判事（以下「環さん」と呼ばせていただく）と出会い、ほんの短期間であるが、裁判長と左陪席として一緒に裁判に取り組む機会を与えられた。私にとってはまさに運命的な出会いと言ってもよかった。裁判官としてという以上に、人生の師を得た思いであった。環さんは、検察官から弁護士、そして裁判官という、まさに法曹一元を体現するような経歴を有する裁判官であった。豊富な経験を有しておられるだけに、どっしりとした存在感を漂わせていたが、後に紹介するような思想の持主であり、裁判官としての環さんの行動はその思想にどこまでも忠実であった。裁判官懇話会の世話人になられた時も、まさに水が流れるかのような自然体で臨まれ、格別重大な覚悟を決めておられるようにもお見受けしなかった。そんな環さんは私にとってまさに畏敬すべき存在であった。このような環さんとの不思議なご縁から、私もまた当然のように懇話会の下働きをするようになり、思いもかけず懇話会が継続されることになると、環さんたち第一世代の世話人が退官された後は、いずれ私も世話人になりたいものだなどと大それたことを考えるようになった。

二　その環さんの定年退官が数年後に迫った昭和五〇年代の終わりころ、環さんの周辺から、司法行政を中心とする裁判所論を環さんに論じていただきたいという声が上がった。有志の者がそれをお手伝いするということで資料集めをしたり、環さんを囲む合宿までして熱のこもった議論を交わすなどしたのであるが、結局、この企ては実現しないまま、環さんは定年を迎えることになってしまった。私の手元にもその資料等が残されたが、気にはなりつつもそのまま手が付けられないでいた。そして、私はといえば、裁判所の閉塞状況は痛切に感じていたし、何かしなければと思いながらも、結局、懇話会の世話人にはならなかった。私にその勇気と決断力がなかったということであるが、幸か不幸か、そのような要請を受けるだけの裁判官としての見識と徳望を備えていなかったからでもある。そのため、直接逆風にさらされることもなく、表面的には平穏に裁判官生活の後半の二〇年近くを主として福岡の地で過ごし、先年定年退官した。

しかし、環さんはそんな私に対しても何もおっしゃらなかった。

三　昨年（平成二三年）夏、私は、かつて勤務した福島県いわき市を訪れた。周知のとおり、今、いわき市は東北地方を襲った3・11大震災と大津波、そしてそれによる原発被害のただ中にある。気がかりだった元調停委員諸氏のお元気な姿を拝見できて嬉しかった。

その帰途、久し振りに環さんをお訪ねする機会を得た。石塚章夫氏が同行して下さった。環さんは卒寿を迎えられた今も至ってお元気で、横浜時代の思い出や裁判官懇話会のこと、そして近時の司法制度改革のことなど、話は尽きなかった。こうして大変楽しいひとときをすごさせていただいたのであるが、帰宅して、環さんとの出会いを改めて振り返ったとき、上記資料等を生かして環さんのお考えを何とかして世に伝えられないだろうかという思いに駆られた。資料の中には、環さんが裁判官懇話会やご自分のものの考え方等について述べられたものもある（注）。

そんな思いに背中を押されて本稿の作成に着手したのであるが、予想していた以上に作業は難航し、改めて当時の構想の雄大さと自分の非力を思い知らされた。そこで、思い切って内容を簡素化した上で、今次司法制度改革における司法行政面での改革についての検討を加えて装いを新たにすることにした。すなわち、第一において、今改めてこのテーマに取り組む私の問題意識を明らかにするとともに、第六で今次司法制度改革の司法行政面の改革について私なりの視点から論じてみた。そして、環さんの著作の項目として予定していたものの一部で、比較的資料が整っているものを第二ないし第五に盛り込んだ。環さんや上記有志裁判官のご了解を得て資料を利用させていただくこととし、その後の時の経過を考慮して若干の補正をしたほかはできる限り忠実に資料を再現することに努めた。そういうわけであるから、本稿は、実質的には環さんや上記有志裁判官との合作のようなものであるが、最終的な文責が私にあることは当然である。

それにしても私の意図がどこまで成功しているかは甚だ心許ない。せめて多少なりともわが国の裁判所と裁判官のために資するところがあればと願うとともに、そこに環さんの思いが反映されているようにと祈る思いである。

（中略）

（注）　環さんのお考えが率直に語られており、裁判官にとって導きともなる内容だと考えるので、若干長くなるが、以下にその一部を紹介する。

「私は、昔から、精神界における自然淘汰説というものを信奉してきた。精神界の進歩のためには、まず多様な考え方が併存し、競い合うことが必要である。その中で、何が正しい考え方であるかは歴史が自ずと決定するものであって、性急な結論を求めることは戒めなければならない。まして、権力をもってその中の一つの考え方や価値観を他に押し付けることは精神界にとって自殺行為に等しい。いうまでもなく、これは民主主義の基本的な原理でもある。そして、裁判というものを考えるとき、裁判官こそ、この意味での真の民主主義者でなければならないと思うのである。そもそも、訴訟において、当事者の意見を聴くということ自体、自己の考えを常に相対化していく柔軟さを不可欠の前提としている。また、裁判における合議は、独立した民主主義者をその構成員として初めて有効に機能するものである。もちろん、他人の意見を十分に聴くということは、自らが無思想であることとは全く別の事柄である。むしろ、反対に、自らの思想が絶えず形成途上のものであることの自覚のもとに、他とこれをたたかわせていくことに民主主義の真髄がある。裁判の構造は、局面こそ違え、他の意見を謙虚に聴き、自らの意見を形成し、他とこれをたたかわせるという意味で、民主主義の原理が貫かれている。私は、戦後司法制度の改革はこうした裁判の構造に相応しい司法制度の構築を目指したものであったと理解している。そこでは、右の意味での民主主義的な裁判官を、制度として維持し、保障していくための様々な改革がなされた。憲法上及び裁判所法上規定された裁判官の身分保障と、裁判所・裁判官の自治の原則がそのための二つの大きな柱であった。しかし、戦後司法の歴史を振り返ると、右の二つの柱がむしろ裁判所の内部において侵食されてきたことが分かる。裁判官の合議によって、その裁判所の司法行政を運営することを目指した裁判官会議は、ごく一部の例外を除き、昭和三四・五年ころから一斉に自らの権限を所長に委譲してしまった。最高裁の裁判官会議が司法行政の問題について十分な機能を果たしていないと思われる状況下で、最高裁事務総局―所長という司法行政機関が、各裁判官の意思と別個に機能する機関として誕生し、形成されていった。私はこのような時期に弁護士から裁判官に任官したのであるが、本来当該裁判所の最高意思決定機関であるはずの裁判官会議において、司法行政に関する意見を述べることすら異端視されるような雰囲気を感じることがあった。宮本裁判官の再任拒否は、裁判所内部で自由にものが言えないとの空気が広がりつつあったころの事件であっただけに、当時の最高裁が一つの価値観を是とし、これを全裁判官に徹底させようとしているとの危惧感を持った裁判官は私以外にも多数おられたはずである。

このような戦後の司法の歴史を振り返ると、全国裁判官懇話会は一つの考え方にとらわれることなく、自由に自主的に意見を交換する場を求めたものとしていわば生まれるべくして生まれた会であったと言ってよいのではないだろうか。」

（後略）

ＥＲＣＪ選書発刊の辞

ＥＲＣＪ選書は、わが国の刑事司法や少年司法の時宜的なテーマに関する研究や、これらの分野に関わってこられた実務家、研究者及び市民の方々のドキュメンタリーを、ハンデイな読み物として、読者に提示しようという目的で企画された。

刑事事件の捜査、裁判及び少年審判は、国家の統治作用の核心を占める権力作用である。わが国においても、成文法に基づいて、捜査、裁判あるいは審判とその執行にあたる矯正あるいは保護の分野に及ぶ膨大な機構が形作られ、公共の福祉の維持と個人の基本的人権の保障とを全うしながら事案の真相を明らかにし、刑罰法令を適正かつ迅速に適用実現（刑事訴訟法一条）し、また、非行のある少年に対して、健全な育成を期して、性格の矯正及び環境の調整に関する保護処分を行う（少年法一条）という理念に基づいて、運用がなされている。

このような法の運用は、かつては、警察官、検察官あるいは裁判官など、法律の専門家や国家公務員などの専門領域と認識され、国民の側からの批判や提言も行き届かなかったという印象がある。しかし、近年、裁判員制度の発足もあって、国民主権という視点からの見直しの雰囲気も生じてきた。例えば、冤罪の原因となる取調べの在り方や裁判の運営に対する批判的検討、選挙年齢の引き下げに関連して一八歳以上の者の犯罪に対する少年法の適用の有無、さらには裁判員裁判による死刑選択の当否など、刑事裁判や少年審判を取り巻く重要な論点について、広く議論が行われるようになってきたように思う。

このような状況を考えるとき、刑事法・少年法の領域を目指そうとする若い学徒の方々や裁判員になる可能性を持つ市民の人々に対して、その時々のテーマに関する研究の紹介をしたり、これらの分野に関わってきた実務家、研究者、さらには市民の方々の生きた姿をドキュメンタリーとして提示したりすることは、必要であり、また意義のあることであるように思う。たとえハンデイなものであるにしても、問題の核心を的確に捉える内容であり、また共感を呼ぶドキュメンタリーであれば、そこで得られた問題関心が、必ずや、将来に向かって、この国の刑事司法及び少年司法を取り巻く文化の内容を豊かにしていくことにつながるであろうと考えるからである。

ＮＰＯ法人ＥＲＣＪ（正式名称は、特定非営利活動法人 刑事司法及び少年司法に関する教育・学術研究推進センター）は、二〇一三年六月二〇日、東京都から設立認可を受けた。ささやかながら、日本の刑事司法及び少年司法のレベルアップを目指して、法人自体で研究・出版等を行うほか、優れた研究業績の顕彰、出版助成、各種研究会・講演会等の企画援助などを行ってきた。

今回の企画は、そのような事業の一環として考えられたものである。今後も、手軽に読めて、内実が豊かであるような書物を送り出したいと願っているので、読者のご支援をお願いする次第である。

二〇一六年八月一五日

特定非営利活動法人　刑事司法及び少年司法に関する教育・学術研究推進センター

特定非営利活動法人（NPO法人）

刑事司法及び少年司法に関する
教育・学術研究推進センター

Education and Research Center for Criminal Justice and Juvenile Justice

略称：刑事・少年司法研究センター（**ERCJ**）

入会のお願い

本NPO法人は、刑事司法と少年司法が適正かつ健全に運営されるためには、学術的にも、実務的にも、長期的な展望と広い視野に基づいた研究や提言が必要な時代が到来しているということを踏まえて、刑事司法および少年司法に関わる教育と学術研究の振興を目的として設立されました（2013年６月20日認証）。

本NPO法人は、以下のような取り組みを行います。

(1) 研究会活動：刑事司法、少年司法に関する研究会を定期的に行う。
(2) 啓蒙活動　：具体的なテーマ（たとえば、裁判員裁判）での講演活動を行う。
(3) 顕彰活動　：優れた研究、研究成果や教育成果に対して、顕彰する活動を行う。
(4) 広報活動　：ＨＰや広報紙などを通じての広報活動を行う。　など

◆理事（順不同）
石塚章夫【理事長】（元裁判官、弁護士）、齊藤豊治（弁護士）、川﨑英明（関西学院大学教授）、村井敏邦（一橋大学名誉教授）、安原　浩（元裁判官、弁護士）、大出良知（九州大学名誉教授）、後藤　昭（青山学院大学教授）、土井政和（九州大学名誉教授）、白取祐司（神奈川大学教授）、四宮　啓（弁護士）、佐々木光明（神戸学院大学教授）、串崎　浩（(株)日本評論社）

◆監事
神山啓史（弁護士）

ぜひ、本NPO法人の設立趣旨と活動内容にご賛同いただき、会員になっていただくようお願いいたします。
※なお、入会金、会費は下記口座にお振り込みいただき、下記申込書をFAXにてお送りください。

【入会申込書】

☐ **正会員になります。**

正会員	入会金1,000円・年会費2,000円	（計　3,000円）
団体正会員	入会金1,000円・年会費2,000円	（計　3,000円）

☐ **賛助会員になります。**

賛助会員	入会金1,000円・年会費2,000円	（計　3,000円）
団体賛助会員	入会金5,000円・年会費30,000円	（計 35,000円）

☐ **寄付をします。**　（　　　　円）

■ご住所　〒

■お名前（フリガナ）

■連絡先　（　　　）　　■メール

■ご職業

■銀行口座■ みずほ銀行
大塚支店（店番号：193）
口座番号：普通　2225049
口座名義：特定非営利活動法人
刑事司法及び少年司法に関する
教育・学術研究推進センター

FAX：03-6744-0354

刑事司法及び少年司法に関する
教育・学術研究推進センター

http://www.ercj.org/

Education and Research Center for Criminal Justice and Juvenile Justice

170-8474 東京都豊島区南大塚3-12-4
(株)日本評論社内
TEL：03-6744-0353（FAX：0354）
Mail：ercj@ercj.org

【環　直彌（たまき・なおや）経歴】

1921年徳島県生まれ。1943年東京帝国大学法学部卒業。1943年司法官試補。1945年検事任官、横浜地検、前橋地検、東京地検等を経て、1950年検事退官、弁護士登録（東京弁護士会）。チャタレイ事件、百里基地事件等の弁護を担当。1961年裁判官任官、水戸地裁、東京地裁、東京高裁、横浜地裁、大阪高裁部総括判事等を経て、1986年定年退官、弁護士再登録（東京弁護士会）。横浜事件再審等の弁護を担当。法曹三者をすべて経験する。兄は環昌一氏。

【石塚章夫（いしづか・あきお）——インタビュアー経歴】

1943年東京都生まれ。1967年東京大学法学部卒業。第21期司法修習生。1969年裁判官任官、福岡高裁部総括判事、新潟家裁所長等を経て、2007年依願退官、弁護士登録（埼玉弁護士会）。現在に至る。2007～2016年獨協大学法科大学院非常勤講師、客員教授（刑事訴訟法）。特定非営利活動法人刑事司法及び少年司法に関する教育・学術研究推進センター（ERCJ）理事。

■ERCJ選書4■

一路《いちろ》——法曹《ほうそう》の世界《せかい》を生《い》き抜《ぬ》く

二〇一九年一月三一日　第一版第一刷発行

著　者——環　直彌、インタビュアー　石塚章夫

発行者——特定非営利活動法人　刑事司法及び少年司法に関する教育・学術研究推進センター

発売所——株式会社　日本評論社
〒一七〇—八四七四　東京都豊島区南大塚三—一二—四
電話：〇三（三九八七）八六二一
https://www.nippyo.co.jp/

印刷・製本——倉敷印刷　株式会社

装　幀——百駱駝工房

ＤＴＰ——ギンゾウ工房

検印省略

ISBN978-4-535-52405-7　Printed in Japan

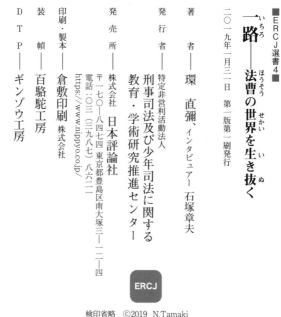